走进"一带一路"丛书

浙江省社科联社科普及课题（22KPWT06ZD-3Z）

爱与美神的诞生地
塞浦路斯

范馨予　陈德昌　卢　星　著

浙江工商大学出版社
ZHEJIANG GONGSHANG UNIVERSITY PRESS
·杭州·

图书在版编目(CIP)数据

爱与美神的诞生地——塞浦路斯 / 范馨予,陈德昌,卢星著. — 杭州:浙江工商大学出版社,2023.9
(走进"一带一路"丛书)
ISBN 978-7-5178-5053-3

Ⅰ.①爱… Ⅱ.①范… ②陈… ③卢… Ⅲ.①塞浦路斯—概况 Ⅳ.①K937.5

中国版本图书馆 CIP 数据核字(2022)第 139853 号

爱与美神的诞生地——塞浦路斯
AI YU MEI SHEN DE DANSHENG DI——SAIPULUSI

范馨予　陈德昌　卢　星著

出 品 人	郑英龙
策划编辑	王黎明
责任编辑	王　琼
责任校对	韩新严
封面设计	朱嘉怡
责任印制	包建辉
出版发行	浙江工商大学出版社
	(杭州市教工路 198 号　邮政编码 310012)
	(E-mail:zjgsupress@163.com)
	(网址:http://www.zjgsupress.com)
	电话:0571-88904980,88831806(传真)
排　　版	杭州朝曦图文设计有限公司
印　　刷	杭州高腾印务有限公司
开　　本	880 mm×1230 mm　1/32
印　　张	7.25
字　　数	170 千
版 印 次	2023 年 9 月第 1 版　2023 年 9 月第 1 次印刷
书　　号	ISBN 978-7-5178-5053-3
定　　价	59.80 元

走进"一带一路"丛书顾问委员会

丁喜刚　新华社前驻达喀尔分社首席记者

王　波　新华社前驻伊拉克共和国、科威特国、沙特阿拉伯
　　　　王国和巴林王国分社首席记者

刘咏秋　新华社驻罗马分社记者，前驻希腊共和国、斯里兰
　　　　卡民主社会主义共和国分社记者

陈德昌　新华社前驻希腊共和国分社、塞浦路斯共和国分社
　　　　首席记者

明大军　新华社前驻曼谷分社、驻耶路撒冷分社首席记者

章建华　新华社驻堪培拉分社首席记者，前驻喀布尔、河内
　　　　和万象分社首席记者

特别顾问

马晓霖　浙江外国语学院教授，环地中海研究院院长

走进"一带一路"丛书编委会

‖ 目　录 ‖

开篇

　　提起塞浦路斯,大多数人首先想到的是,蔚蓝色的地中海海浪拍打着银色的沙滩,点点白帆在平静的海面上飘动,沙滩上游人如织。岛上绿色的橄榄树在微风中摇曳。各式轿车在宽阔、笔直的高速公路上行驶。远处黛蓝色的特罗多斯山山高林密,许多宏伟的东正教教堂点缀其间,令人神往。塞浦路斯岛风光秀丽,气候宜人,是世界各国游客向往的地方。

　　塞浦路斯的战略地位十分重要。它位于亚洲、欧洲、非洲的交通要冲,历史上是世界列强觊觎和争夺的战略要地。争夺与反争夺,战争与和平,造就了塞浦路斯特有的历史和文化。

　　塞浦路斯有着上万年的悠久历史,其间经历了周边地区各大王朝的统治,包括埃及、波斯、拜占庭、奥斯曼等,在近代,英帝国更是对塞浦路斯实施了长达近百年的殖民统治。凡此种种,对塞浦路斯的政治、文化、宗教等都产生了深刻的影响。

　　塞浦路斯也被称为爱与美神之岛。长期以来,爱与美神阿佛洛狄忒的故事对游客始终有着非凡的吸引力。游客来到塞浦路斯,总要拜访帕福斯这个爱与美神的故乡,体察爱与美神诞生地的神奇,体会爱与美神的神韵。无论是当地人还是外来游客,都把爱与美神当作爱情、生育和丰收的象征。

　　如今的塞浦路斯虽然面积还没有中国北京大,但仍处于分裂状态,其首都尼科西亚是世界上仅存的分裂国都,是岛内分裂局势的直观见证。虽然国际社会在不停促成岛上希腊族(以下简称"希族")与土耳其族(以下简称"土族")的统一,但两族统一问题仍困扰着塞浦路斯。

虽然在地理位置上属于亚洲,但凭借着自己的欧洲文化禀赋,塞浦路斯共和国已顺利加入欧盟以及欧元区,经济发展势头强劲,人均 GDP 也名列世界前茅。它在发展传统滨水旅游相关产业的同时,积极促进乡村及山区旅游业的发展;岛内历史文化底蕴厚重,不仅遗留有多处世界文化遗产,而且助力塞浦路斯形成特有的饮食文化与民俗风情。2020 年新冠疫情席卷全球,塞浦路斯是如何应对这场危机的呢?疫情对塞浦路斯形成了何种影响呢?

塞浦路斯艰难曲折的历程,使其对外界具有很强的包容性。当年笔者在塞浦路斯经常听到的一句俗语便是,陌生人就是朋友。本书在讲述塞浦路斯人民对来自世界各地的游客的友好之情时,对此也有生动的描述。笔者还对与塞浦路斯有过密切接触和联系的人进行采访,获得第一手资料,使文字更有现场感,更加生动有趣,可读性更强。

总之,塞浦路斯在漫长的历史进程中,究竟发生了什么?它在全世界,特别是在东地中海地区的地位怎么样?为什么迄今为止,不到 1 万平方千米的塞浦路斯还被一分为二,处于分裂状态?岛上的希族人和土族人,他们与希腊和土耳其又是什么关系?由希族人主导的塞浦路斯共和国为什么能够代表整个塞浦路斯加入欧盟?所有这些问题,在此书中均能找到答案。

上篇 塞浦路斯的前世

爱与美神的崇拜

"She (Aphrodite) went to Cyprus, entering her temple fragrant with incense, to Paphos. That is where her sacred precinct is, and her altar, fragrant with incense."

——Homeric Hymn to Aphrodite (clause 55)

"阿佛洛狄忒前往塞浦路斯，帕福斯，那儿有她充满香气的神殿。那儿是她神圣的属地，设有她熏香的祭坛。"

——《荷马史诗·献给阿佛洛狄忒》(第 55 条)

希腊神话中的爱与美神阿佛洛狄忒，也即罗马神话中的爱神维纳斯，传说诞生在塞浦路斯。古希腊诗人荷马在其《伊利昂纪》和《奥德修纪》中曾反复提及爱神和她的领地塞浦路斯，并采用 Kypris(意为塞浦路斯女神)来代指爱与美神阿佛洛狄忒。

据赫西奥德的《神谱》记述，提坦十二神之一的克洛诺斯(Kronos)用镰刀阉割父亲天空之神乌拉诺斯(Ouranos)后，将其抛入大海，海水四周泛起如珍珠般的泡沫，在海浪的一路护送下，泡沫中幻化出一位美丽的少女，在帕福斯登陆。① 在希腊语中，"阿佛洛狄忒"意为"从泡沫中诞生"。

至今，在塞浦路斯众多的海滩中，阿佛洛狄忒海滩仍是一

① 　另有说法，希腊基西拉岛同样流传着阿佛洛狄忒诞生的传说。

处世界闻名的旅游胜地。岸边波涛滚滚,峭壁嶙峋,几块高耸出水面的巨岩躺卧在碧蓝的海水中,造型独特而醒目,像竹笋,像蘑菇,最高的一块高约 30 米,这便是"爱与美神之岩",传说中爱神的诞生地。时而能见游泳者攀爬上岩石的顶端,看上去令人胆战心惊。据说,透过海浪冲击岩石激起的浪花,便能看到女神的影子。

爱与美神之岩/卢星摄

塞浦路斯对爱与美神的崇拜延续上千年,她在岛上的地位崇高,凌驾于塞浦路斯众神之上,其职能也非常广泛,她不仅是爱情与美丽女神,也是丰产、婚姻与生育女神,同时还被奉为冶金和航海的庇护神。现如今,塞浦路斯很多景点与习俗都和爱与美神相关,学校课本里有很多关于她的传说。

在帕福斯老城,阿佛洛狄忒神庙废墟静静地矗立在"爱与美神之岩"旁边,守护着爱与美神的诞生地。这与古希腊荷马时期的记载相呼应。直至 4 世纪,神庙仍是祭祀爱与美神的重要场所。在古代,每年春天,整个塞浦路斯甚至周边国家的朝圣者都会来塞浦路斯岛为爱与美神举行盛大的游行活动，包括祭祀、音乐表演、体育和诗歌比赛等。游行队伍一路经过郁郁葱葱的果树林，最终会回到帕福斯的阿佛洛狄忒神庙。因为地震以及人为掠夺，如今神庙的辉煌已经不再，仅留存下些许荒芜的废墟与橄榄树。1980年，联合国教科文组织将帕福斯整个城市作为文化遗产列入世界遗产名录。

阿佛洛狄忒神庙/卢星摄

作为爱与美神的属地，岛上还流传着许多女神的传说。这些传说代代相传，至今仍能吸引成千上万的游客前往传说所述之地参观。其中就有阿佛洛狄忒的浴池。

在塞浦路斯西北小城波利斯，有一个10多平方米的天然石池，汩汩泉水，清澈见底。据说泉水可使人肤若凝脂，娇柔艳丽，因此爱神喜欢在此沐浴。阿多尼斯（Adonis）与阿佛洛狄忒之间凄美的爱情故事正是发生于这一汪水池之中。阿多尼斯是一位塞浦路斯的王子，天生英俊，魅力十足，喜好打猎。有一次，在阿佛洛狄忒沐浴之时，阿多尼斯碰巧口渴来石池喝水。

两人一见倾心，常厮守在一处。但好景不长，阿佛洛狄忒得罪了阿波罗。阿波罗对阿佛洛狄忒怀恨在心，幻化成野猪，在阿多尼斯行猎过程中将其拱死。阿佛洛狄忒匆匆赶往森林深处抢救阿多尼斯，但未能救回。她伤心欲绝，悲痛不已，泪流不止。后来，这个石池便被称为"爱与美神的浴池"，成为岛上众多崇拜阿佛洛狄忒的圣地之一。传说，如果在里面洗澡，便能找到理想的爱人。于是，大部分游客都会跳进浴池里试一试。

皮格马利翁效应至今仍常被心理学专家引用，用以说明期望对潜力开发的重要性。谁又能想到这个心理学名词也与塞浦路斯有关呢？

皮格马利翁（Pygmalion）是希腊神话中塞浦路斯的国王，善雕刻。他精心雕刻了一座象牙少女像，雕像非常逼真、美丽。他爱上了这座雕像。他为雕像穿上华丽的衣袍，每天与她相拥而眠，亲吻她，爱抚她，为她起名为盖拉蒂（Galatea）。他期望自己能被接受，但是雕像丝毫未有改变。于是，他带上祭品去求见爱与美神阿佛洛狄忒，祈求女神将"少女"赐给他。女神被他的真诚所感动，赋予这座雕像以生命。皮格马利翁回到家后，盖拉蒂便幻化成真人，此后两人结为夫妇，幸福快乐地生活在一起。后来，两人还孕育了一位王子，名帕福斯，便是后来帕福斯城的建城者。据说，为表达对爱与美神的感激之情，王子帕福斯还在帕福斯城修建了第一座爱与美神的神殿。

传说永远是传说，那么塞浦路斯的真实历史又是怎么样的呢？为什么古塞浦路斯人对爱与美神如此崇拜呢？崇拜的起源又是什么呢？

塞浦路斯地处欧亚非文化交汇之处，虽然是个小国，但历史悠久。各种文化相互交融，形成了塞浦路斯国家历史犹如世界历史博物馆的特性。即便是对爱与美神的崇拜，追根溯源也是多元文化融合的产物,融合了古埃及的欢乐、爱情与舞蹈女神哈托尔(Hathor),丰饶女神伊西丝(Isis),以及腓尼基的爱情与生育女神阿施塔特(Astarte)。这些神话形象都与力量、丰产、战争有关,并都具有极强的嫉妒心和旺盛的欲望。接下来便让我们从塞浦路斯的历史中窥视其对爱与美神崇拜的根源。

早在新石器时代,塞浦路斯就迎来了首批定居者,世界文化遗产乔伊鲁科蒂亚(Choirokoitia)可视为该时期重要的史前文明遗址,为亚洲文化向地中海地区传播研究提供了重要的科学依据。早期的乔伊鲁科蒂亚遗址的墓葬中已经发现一种女性偶像,而且女性的墓葬品比男性的多。但由于海岛多自然灾害,特别是地震对早期人类的生存环境具有毁灭性的打击,塞浦路斯早期人类活动存在明显的不连贯性。后来岛上陆续出现村落式定居文化,如索特拉文化、埃里米文化等。总体而言,塞浦路斯早期人类活动由间断、孤立状态缓慢地向相互和连续性交流发展。

公元前 3000 年左右,塞浦路斯发现铜矿,引发了特罗多斯山的采矿潮,传说其岛名"Cyprus"亦起源于"铜"(Copper),意为"铜之岛"。公元前 2000 年左右,赫梯移民带来了异国风情与新的锻造技术,塞浦路斯人渐渐学会了在冶炼铜时加入锡来锻造青铜的手艺。与单纯的铜相比,青铜更为坚硬,且可制造青铜兵器、工具等。可以说,当时青铜的重要性类似于今天的石油。周边国家纷纷以牛马、黄金等物品来交换,这也造就了塞浦路斯的繁华。除了铜矿以外,塞浦路斯独特的地理位置进一步促进其商贸的繁荣与发展。迈锡尼与近东地区都需要铜矿,塞浦路斯正好盛产铜矿;近东地区人们喜好的爱琴海地区的物品,特别是珍贵的陶瓷,也能在塞浦路斯购买到,因此,塞浦路斯成为当时东西方经济文化交流的桥梁。

　　根据出土的石像和泥塑形象可知,在此期间,岛上已存在对丰产女神的崇拜,但她当时或许并不叫阿佛洛狄忒,其形象也不完全如现代艺术形象中那般优雅和美丽,更突出的是丰满的乳房与肥硕的臀部,与繁殖相关联。

　　公元前 16 世纪—公元前 11 世纪,随着希腊人大批移民塞浦路斯岛,塞浦路斯逐步进入城邦时代。第一批移民主体为迈锡尼-阿卡亚人,第二批则是特洛伊战争后的希腊人。公元前13 世纪—公元前 11 世纪,不知出于何种原因(可能是严重的自然灾害),地中海周边的强势国家如迈锡尼、赫梯,以及古埃及与古巴比伦纷纷陷入混乱,这些国家的民众被迫向外移民,追求更富饶的土地、更稳定的政权以及更适宜的生存环境。① 塞浦路斯作为当时东西方贸易要道上的富裕国家,自然受到众多移民的关注。持续数百年的希腊移民改变了岛上的人口结构和政治结构,希腊人逐渐成为岛上居民的主体,由于具有较高的文化水平,他们逐渐成为岛上的富有阶层与权贵。

　　迈锡尼文明逐渐成为岛上的统治文化,岛内陆续建立希腊式城邦国家,如萨拉米斯等。移民文化在引入希腊文字的同时,也引入了对阿佛洛狄忒的崇拜。塞浦路斯城邦的建城史也与早期希腊移民以及爱与美神的传说密切相关。②

　　古城帕福斯的起源除了皮格马利翁的传说之外,还有另一则传说,与特洛伊英雄艾吉普纳(Agapinor)有关。据说,艾吉

---

① Hitchcock,M. *The Mycenaean Presence on Cyprus at the End of the Bronze Age*:*Migration*,*Acculturation*,*or Hybridization*,https://www.academia.edu/38343718/Mycenaean_Presence_on_Cyprus_during_the_Late_Bronze_Age_pdf,2018-10-08.

② Theodorou,E. *Cypriot Myths*,*Heros and Gods*,http://cyprusfortravellers. net/en/review/cypriot-myths-heros-and-gods,2018-07-23.

普纳是阿卡亚人,伯罗奔尼撒半岛的泰格亚国王,受阿伽门农的指派,带领 60 艘船舶前往特洛伊参战。在返程中,受爱与美神的指引,船舶停泊在塞浦路斯沿岸。为了感谢阿佛洛狄忒,他修建了帕福斯城,以及阿佛洛狄忒神庙。① 古城帕福斯的遗址位于如今帕福斯城外 17 千米处一座名为库克利亚(Kouklia)的村庄内。

公元前 13 世纪,因出口黄铜而繁荣的港口城市基体翁(Kition,今名拉纳卡),已有供奉铜矿女神的神庙,而当时的塞浦路斯女神就是铜矿的保护神,即阿佛洛狄忒。根据希腊传说,阿佛洛狄忒的铜矿保护神身份或许与其丈夫火神赫菲斯托斯有关。

古萨拉米斯由特洛伊战争的英雄所建。特洛伊的第一任国王托塞(Teucer)在返回其故乡萨拉米斯岛时,因为没能挽救兄弟的生命并为其复仇,而被父亲诅咒和驱逐。他流浪到塞浦路斯,并建立城邦"萨拉米斯"。后来,萨拉米斯逐渐成为古塞浦路斯诸城邦中最著名、最宏伟的古城,一度是岛上希腊文明骄傲的象征。如今,古萨拉米斯遗址散落在法马古斯塔以北 9千米处,是塞浦路斯考察古文化与城邦发展的重要遗址之一。

塞浦路斯城邦沿袭古希腊的王位继承制度,国王行使最高宗教、司法和军事统帅职权。塞浦路斯人的生活也颇具迈锡尼文化特征。迈锡尼文明在伯罗奔尼撒半岛衰落后,又在塞浦路斯延续了 2 个多世纪,通常被称为"后迈锡尼文化"。②

公元前 10 世纪(铁器时代初期),塞浦路斯开始成为地中海上的贸易中心,与埃及、巴勒斯坦、叙利亚以及希腊进行木

---

① Pausanias. *Description of Greece*, Vol Ⅰ, Book Ⅰ-Ⅱ. London: William Heinemann, 1998, p. 5.

② 何志龙:《塞浦路斯》,社会科学文献出版社 2011 年版,第 29 页。

材、铜和象牙等商品的交易。面对塞浦路斯郁郁葱葱的森林、人民富饶自足的生活,不难理解腓尼基人对海洋彼岸的垂涎与渴望。腓尼基人擅长航海,往来于东西地中海间进行贸易,并在相关贸易港口建立城邦;同时,也将腓尼基的爱情与生育女神阿施塔特引入商贸航线沿途城邦。

公元前 820 年,腓尼基人为掌握铜矿的出口,重建了因为地震而被废弃 100 多年的基体翁,并将其发展成为岛上腓尼基文化的中心。如此,黎巴嫩的船只可以在塞浦路斯停留补给后,继续前往西地中海。塞浦路斯成为埃及、腓尼基、希腊、意大利和西地中海之间的连接点。腓尼基移民在塞浦路斯为女神阿施塔特修建了庙宇,后期慢慢转变为爱与美神阿佛洛狄忒的庙宇。

在之后的 1 个多世纪中,古塞浦路斯人与腓尼基人和平共处,城邦间相互贸易,商贸繁荣发展。这种平衡被公元前 8 世纪的亚述人入侵所打破。根据亚述国王莎尔贡(Sargon)的铭文①,腓尼基人与亚述人互为同盟关系,在军事上予以相互协助。腓尼基人向亚述借兵,用于收服塞浦路斯岛上的其他城邦。在见识到亚述人的实力后,塞浦路斯各城邦都意识到亚述的强大,纷纷向其纳贡,成为亚述的附属国,直接寻求亚述王朝的庇护。而亚述也有意通过掌控海上贸易的中转站来控制地中海的贸易形势。因此,岛上的各个城邦基本维持着平等自治的管理模式。塞浦路斯虽在名义上为亚述所占据,需要向亚述缴纳大量铜器和木材作为贡品,但基本保留了塞浦路斯城邦自治的政治形态,亚述文化未对岛内的政治形态产生过多的

---

① Radner, K. *The Many Kingdoms of Cyprus*, http://www. ucl. ac. uk/sargon/essentials/countries/cyprus/, 2012-11-05.

影响。

随着亚述王朝的没落,塞浦路斯逐步摆脱亚述的控制,但不久又被埃及攻占,改向埃及称臣纳贡。埃及的文化艺术便于这一时期传到了塞浦路斯,对埃及的欢乐、爱情与舞蹈女神哈托尔的崇拜便是其中之一。

公元前6世纪,波斯帝国把扩张的矛头指向了希腊半岛,塞浦路斯作为波斯海上进攻希腊的必经之地,自然落入了波斯的掌控。虽然塞浦路斯城邦享有高度自治权,但塞浦路斯诸王对波斯的异族控制仍有不满。

公元前498年,索利国王欧涅西洛斯(Onesilos)占据萨拉米斯,起义反抗波斯统治。欧涅西洛斯赢得了除阿玛苏斯以外岛上诸王的支持。其时,恰是波斯与希腊战争期间,希腊人意识到如果能控制塞浦路斯,他们将不惧波斯的远征舰队,因为如果波斯派兵,则必须在塞浦路斯休整补给。于是,当欧涅西洛斯向希腊寻求帮助时,他立刻收到肯定的回复。虽然在海战中,塞浦路斯与希腊联军稍占优势,但在波斯大军登陆萨拉米斯后的陆地战中,联军遭到碾压,欧涅西洛斯阵亡,反抗失败。于是,塞浦路斯不得不向波斯缴纳更多的岁贡,岛上的城邦势力被重新划分,只有亲波斯的城邦才得以存续,萨拉米斯落入腓尼基人之手。

公元前4世纪,萨拉米斯建城者托塞的后裔埃瓦格拉斯(Evagoras)获得希腊的支持被拥立为萨拉米斯国王,并成功说服波斯相信他的忠诚,在日益壮大的同时保持向波斯进贡。雅典一直是他的盟友和坚强后盾,他在自己逐步扩大的势力范围内传播希腊文化,用希腊字母取代古塞浦路斯音节文字,当时的萨拉米斯被称为岛上希腊文化的杰出代表。不仅如此,他还为实现塞浦路斯独立和统一发动了反对波斯的战争,虽然最后功败垂成,但他仍然得以神奇地继续在萨拉米斯称王。①

此时,随着塞浦路斯逐步希腊化,岛上逐步将古塞浦路斯与腓尼基文化的神话形象转化成希腊神话形象,其中腓尼基女神阿施塔特被希腊化为爱与美神阿佛洛狄忒的形象,并正式采用阿佛洛狄忒这个名字,将其引入奥林匹斯山②,因为两者的献祭形式类似,均需要供奉香火,献祭鸽子。

可以说,塞浦路斯岛的历史悠久,错综复杂,要准确地追溯其根源几乎不可能。自西向东的强势民族迈锡尼人、克里特人等,自东向西的埃及人、腓尼基人、亚述人、波斯人,重重文明洗礼了塞浦路斯,糅杂了塞浦路斯历史,塑造了其民族的特性。多数外来民族仅是单纯治理这片土地,并未过多触及它的灵魂,但有两个外来民族除外。迈锡尼人和腓尼基人不但在岛上移民定居,与古塞浦路斯人相互融合,输出文化,而且还"以很不均匀的分量构成了打造希腊裔塞浦路斯人的原料"③。迈锡尼人骁勇善战,精于工艺;而腓尼基人虽不擅长作战,但灵活多变,精于生意。这两种文化交织糅合,掺杂着塞浦路斯特有的包容与开放,共同塑造了希腊裔塞浦路斯人最初的民族特性,并一直延续至今。从塞浦路斯的城邦时期开始,便可发现其政治站位逐步偏向西方,视希腊为忠实盟友,迈锡尼文化占据上风。

塞浦路斯人与迈锡尼人、腓尼基人不同的是,他们从不曾

---

① 柯林·施伯龙著,黄芳田译:《爱神的国度:深入塞浦路斯》,黄山书社 2012 年版,第 351—352 页。

② Karageorghis, J. *Aphrodite, Goddess of Cyprus*, http://kyprioscharacter. eie. gr/en/scientific-texts/details/cult-and-religion/aphrodite-goddess-of-cyprus, 2015-06-07.

③ 柯林·施伯龙著,黄芳田译:《爱神的国度:深入塞浦路斯》,黄山书社 2012 年版,第 30 页。

称霸海洋。海洋是康庄大道，为他们带来了商机、文化，但也为他们带来了侵略。他们只能在地中海周边的强权势力中主动或被迫做出选择，在强权环伺中发展自身的商贸经济与文化。这或许是诸多小国共有的无奈命运。

随后，马其顿帝国崛起，塞浦路斯进入希腊化时代，逐步奠定了希腊文化在塞浦路斯的主导地位。亚历山大大帝攻打波斯时，因为双方文化的同源性，塞浦路斯选择站在马其顿一方，派遣军队和船只相助。亚历山大在伊苏斯大败波斯统治者大流士三世，将塞浦路斯从波斯的统治下解放出来。亚历山大回馈塞浦路斯以丰厚的回报，包括更大的自治权。其间，塞浦路斯与希腊，特别是雅典的商贸活动异常活跃。

可惜好景不长，公元前 323 年，亚历山大大帝病故于巴比伦，后继者围绕塞浦路斯进行了一番激烈争斗。最后，托勒密王朝胜出，赢得塞浦路斯统治权。希腊化的托勒密王朝为塞浦路斯的城邦制画上终止符，消除了原先岛上各自独立的城邦形态。诸城邦间千余年来的恩恩怨怨化为历史，或融入托勒密王朝，或消失无踪。塞浦路斯第一次作为统一整体划入托勒密王朝，成为其行省，由埃及向塞浦路斯委派总督进行直接管理。至此，塞浦路斯便辗转于周边强国的股掌之间，直至 1960 年获得独立。

在由马其顿帝国分裂而成的三大王朝中，托勒密王朝延续时间最长，传承了 15 位国王，其统治秘诀之一便是宗教，通过君权神授的方式，将其在埃及的统治合法化。

作为亚历山大政治遗产的一部分，托勒密王朝传承的是希腊文化，其上层社会对希腊文化更有归属感，但其统治的又是北非埃及，古老的尼罗河文化。于是，精明的托勒密一世便将埃及宗教、神话形象与希腊的神话形象糅合在一起，形成统治者崇拜的文化,为其统治服务。例如,虽然托勒密一世不是埃及人,但为尊重埃及人的习俗,其自封为埃及法老,因为根据埃及传统,法老是神的存在。而在埃及的希腊-马其顿上层阶级文化中,虽然无法将法老视为神,却认同人死后可以被神化,于是,宗教崇拜将埃及与希腊-马其顿的文化融合在一起①,相互认同对方神祇,如将希腊太阳神阿波罗视同埃及法老的守护神荷鲁斯,将希腊的天神宙斯视为埃及的太阳神阿蒙,将希腊的爱与美神阿佛洛狄忒等同于埃及的伊西丝。

对爱与美神崇拜的传播,不得不提的一位重要人物便是托勒密二世的妻子阿尔西诺伊二世(Arsinoe Ⅱ)。托勒密二世延续了托勒密一世的统治者崇拜策略,为建立和维系与希腊城邦间的联系,他将自己的妻子阿尔西诺伊神化为埃及伊西丝以及希腊雅典娜、阿佛洛狄忒的形象。在埃及神话中,伊西丝女神能带来好运和丰饶,延续王朝的繁盛;在希腊神话方面,托勒密二世将妻子塑造成胜利守护者雅典娜以及阿佛洛狄忒的形象,以便更好地在爱琴海地区为他的统治充当保护神。同时,阿尔西诺伊还被赋予阿佛洛狄忒航海者守护神的身份特征,因为航海对于托勒密王朝维护与希腊-马其顿本土和爱琴海诸岛的联系非常重要。为此,托勒密二世在亚历山大港修建阿尔西诺伊神庙,守护王朝统治的繁盛;庙前树立方尖碑,既彰显其航海者保护神的地位,也为来往于亚历山大港的船只和水手指明方

① Wellendorf,H. "Ptolemy's Political Tool: Religion". *Studia Antiqua*,2008(6),p. 33-38.

向,方尖碑成为港口的标识物。① 这种崇拜形式随着贸易往来向地中海地区传播,并与当地文化融合。阿尔西诺伊二世的神话人物塑像和崇拜也传入了塞浦路斯岛,并与岛上的阿佛洛狄忒崇拜相结合。

在埃及统治期间,托勒密委派的总督在塞浦路斯行使最高军事与宗教权力。总督府最初位于萨拉米斯,后移至帕福斯,因为从埃及的亚历山大港经海路前往帕福斯更加方便,并且帕福斯有海港,可以停泊商贸船只和军舰。但此时的帕福斯已不是帕福斯老城(Palaipaphos),而是帕福斯新城(Neo Paphos)。据说,帕福斯新城是帕福斯城邦最后一任国王尼克尔斯为修建港口而建,位于现在的下帕福斯(Kato Paphos)。但帕福斯老城仍是阿佛洛狄忒崇拜的宗教圣地,是岛上的宗教中心。总督府移址后,塞浦路斯的政治、经济重心便从古萨拉米斯转移到帕福斯,古萨拉米斯逐渐没落,而塞浦路斯的特产——铜器、木材和酒源源不断地进入埃及的宝库。托勒密王朝对塞浦路斯的统治持续了 2.5 个世纪,塞浦路斯被彻底希腊化。

公元前 58 年,强大的罗马帝国取代埃及成为塞浦路斯的统治者,并持续统治了 400 多年,直至东西罗马帝国分裂。虽然埃及对丧失塞浦路斯控制权有些许挣扎,但因为希腊文化的同源性,塞浦路斯人民对托勒密王朝与罗马帝国之间的政权变更反应并不强烈。

希腊爱与美神阿佛洛狄忒在罗马被称为维纳斯。在罗马,维纳斯崇拜非常流行,因为维纳斯还被赋予胜利守护者的形

---

① Grabowski, T. *The Cult of Arsinoe II in the Foreign Policy of the Ptolemies*. Kamilla Twardowska and Maciej Salamon. Eds. *Within the Circle of Ancient Ideas and Virtues*. Krakow: Historia Lagellonica, 2014, p.117-128.

象。恺撒与奥古斯都均宣称其血脉传承于维纳斯的儿子——
特洛伊战争英雄埃涅阿斯(Aeneas)。维纳斯的相关形象经常
出现在罗马建筑与铸币上。帕福斯老城的阿佛洛狄忒神庙作
为爱与美神诞生地的标识,也被印铸在罗马货币上,因此吸引
了整个罗马帝国的爱与美神崇拜者前往塞浦路斯朝拜。塞浦
路斯的爱与美神崇拜风行一时,特别是阿多尼斯节期间,信徒
们齐聚塞浦路斯,载歌载舞,好不热闹。

　　罗马时期的爱与美神形象发生了改变。与希腊呈现的少
女爱神形象不同的是,罗马维纳斯女神形象更为母性化,体现
其生育与端庄的形象特点,更多映射了帝国皇后以及上层社会
女性的形象。

　　等到45年,基督教随着圣徒保罗的到来进入塞浦路斯岛。
基督教在岛上兴盛。慢慢地,基督教的影响蔓延至整个罗马帝
国。4世纪左右,由于中世纪教会的思想禁锢,阿佛洛狄忒被当
作异教女妖,爱与美神的崇拜在地中海地区逐渐消逝或隐没。
爱琴海米洛斯的"断臂维纳斯"雕像被深埋于地下,塞浦路斯岛
上的爱与美神崇拜仪式也不能幸免于难。庙堂被毁坏,被拆迁
或改建成基督教堂,塑像多遭焚毁,或改成圣母像。

　　但要从根深蒂固的民族文化思想中消除一个神明的影响
并不容易。特别是在早期的地中海地区,无数新的神明以相对
温和的手段取代前者,新的神明不完全是新的,要么偷换一点
前者特色,要么借用一项他者的风俗,可以说,新的神明崇拜是
通过重组无数神明的神性而成的。基督教也不例外。

　　在早期的基督教时代,很多教堂都是兴建在阿佛洛狄忒神

庙的原址上的,通过此种方式将该地的神圣性收归己有。① 圣母玛利亚在福音书中原是个默默无闻的小角色,后来摇身一变晋升到近乎神明的地位,在民间长久地受到膜拜,且地位稳固,便是因为她继承了民间对一位远古女神的崇拜之情,那女神便是拥有多样面孔的阿佛洛狄忒。② 弗雷泽(Frazer)在《金枝》中写道:"有不少礼拜堂,常见塞浦路斯乡民以阿佛洛狄忒之圣母的名义前来敬拜基督的母亲。"③ 柯林·施伯龙(Colin Thubron)的旅行传记亦透过层层时光,揭示岛上很多"改装版"的阿佛洛狄忒崇拜形式的蛛丝马迹,即通过稍加伪装,将古代的庆祝习俗和节日加以基督教化。很多复活节庆祝仪式都与阿佛洛狄忒的庆祝形式有关,如在镶嵌棋盘花纹的地板上撒花的仪式;村民会手持蜡烛和小像去基督教堂拜祭圣母,并将患病者的衣服挂在树上用以祈福,类似早期膜拜阿佛洛狄忒的仪式。

不可否认的是,经过中世纪时期漫长的思想禁锢,对爱与美神的崇拜已变得非常隐晦,痕迹已几不可寻,近乎湮没在历史的长河中。直至文艺复兴时期,人们为冲破宗教禁欲主义的思想牢笼,将爱与美神作为新时代、新思想的天使,用以表达追求幸福美好的愿景,对其的崇拜和喜好才得以重见天日。

时至今日,对爱与美神的崇拜深深嵌入塞浦路斯人民的日常生活之中。在塞浦路斯,很多女孩以爱与美神之名命名,婚

---

① 柯林·施伯龙著,黄芳田译:《爱神的国度:深入塞浦路斯》,黄山书社 2012 年版,第 170 页。

② 柯林·施伯龙著,黄芳田译:《爱神的国度:深入塞浦路斯》,黄山书社 2012 年版,第 187 页。

③ 柯林·施伯龙著,黄芳田译:《爱神的国度:深入塞浦路斯》,黄山书社 2012 年版,第 170 页。

礼上摆放、装饰的小像也以阿佛洛狄忒的形象为原型；参观爱与美神之岩的游客络绎不绝，他们时不时从岛上带回阿佛洛狄忒雕像作为纪念品。

通过对爱与美神崇拜的溯源可以窥见塞浦路斯上古历史的一角。爱与美神虽源自希腊，但经过对东地中海地区东西方神的神性的糅杂与融合，宗教的传承与演变最终在罗马帝国早期达到顶峰。塞浦路斯希族人的民族特性也类似于此，经过东西方文化的融合，既有对外来文化的宽容与开放，也有对自身文化的执着与坚守，保持着地中海国家共有的热情好客，坚持着对宗教的虔诚。

从文化倾向角度看，上述时期的塞浦路斯虽受到东西方数个强势国家的控制，但希腊文明毫无疑问占据着主体地位。从城邦制国家开始，塞浦路斯人便展示了对希腊的亲近。亚历山大大帝引导的希腊化进程更是将塞浦路斯与希腊紧密结合在一起，乃至后期塞浦路斯对托勒密王朝与罗马帝国的政权变更都能很好地过渡与衔接。

难得的平稳

罗马帝国统治的疆域之大,横跨欧洲、亚洲、非洲三大洲,其统治着当时世界近 1/5 的人口,深深地影响着地中海周边国家的文明发展。塞浦路斯便是其中之一。当罗马帝国分裂后,塞浦路斯被归入东罗马帝国——拜占庭帝国统治,一直延续至1191 年,英格兰国王"狮心王"理查占领了塞浦路斯。东西罗马帝国统治时期为塞浦路斯带来了千年政局的平稳。

公元前 58 年,罗马帝国占领了塞浦路斯,最初将其划入西里西亚省,并由罗马元老院指派总督统一管理。其间,罗马著名的演说家、哲学家西塞罗曾被任命为西里西亚省总督(兼管塞浦路斯),他也是塞浦路斯历史上最著名的罗马总督。虽然远赴西里西亚省并非西塞罗所愿,但他在执政期间推行简朴爱民、勤政普法的执政理念,深受西里西亚与塞浦路斯人民的爱戴。

西塞罗在塞浦路斯最为人称道的事迹是他为萨拉米斯城民据理力争,大幅降低其贷款利率。在西塞罗之前的总督习惯向当地人索取大量钱财,随意向当地城民征税,以补偿冬季在岛内驻军的支出。而且,当萨拉米斯城向罗马权贵布鲁特斯借贷时,对方提出了 48% 的超高利率,大大阻碍了当地经济的发展。根据彼时罗马的法律,随意提高地方性借贷利率是不合法的,所以这分明是布鲁特斯假借局势动荡,小亚细亚和中东战火不断,以维护岛内安全稳定面临着巨大的损失风险为借口,私自加息的行为。① 西塞罗对塞浦路斯人民充满同情,顶住罗马权贵的压力,通过艰难的谈判,将萨拉米斯的贷款利率恢复至罗马法律规定的正常贷款利率12%,并收回罗马债权人对塞浦路斯岛驻军的管辖权,以防备债权人加重萨拉米斯城的贷款负担。② 同时,由于塞浦路斯远离西里西亚本土,冬季航行徒增风险,西塞罗很可能是首位向塞浦路斯派遣代理人受理岛内法律事务,赋予塞浦路斯公民免于法律传唤自由的罗马总督。③

罗马统治时期,塞浦路斯曾两度分别被恺撒与马可·安东尼赠予埃及艳后,短暂回归埃及托勒密王朝统治。但或许事实并没有传说中那么浪漫,安东尼赠予塞浦路斯背后的政治意图是以塞浦路斯、克里特岛等为条件,换取埃及对安东尼发动战争的支持。

但随着恺撒与安东尼的接连去世,公元前31年,屋大维征服埃及,塞浦路斯回归罗马版图,之后成为罗马独立行省,由罗马向塞浦路斯直接委派总督。其后600年间,塞浦路斯享受难得的平静和经济的繁荣发展。罗马帝国对塞浦路斯的统治相对宽容,塞浦路斯的官方语言仍为希腊语。这一时期的地中海相当于罗马帝国的内湖,远离莱茵河、多瑙河和幼发拉底河沿岸等战乱边界,因此给予了塞浦路斯一个和平的发展环境。塞浦路斯在罗马统治时期实现经济的繁荣稳定发展,而罗马帝国

---

① Ismailveli. *Cicero the Most Famous Governor in Cypriot History*!, https：//cyprusscene. com/2014/11/26/cicero-the-most-famous-governor-in-cypriot-history/,2014-11-26.

② Tzounakas,S. "Cicero and brutus' loan to the salaminians：a case for(self-)praise and justification". *Pan Rivista di Filologia Latina*, 2020(9),p. 5-16.

③ Zarecki, J. P. "The cypriot exemption from evocation and the character of cicero's proconsulship". *Greece & Rome*, 2012, 59(1), p. 46-51.

也从塞浦路斯获取相应的铜矿资源和财富来增强其国力。

在统治方式上，罗马倾向于以更自由的统治艺术管理所辖区域，如授予居民管理权、兴建公路和港口设施、鼓励在广袤地域间进行自由贸易等。在罗马统治期间，塞浦路斯公民享有便利的社会阶层上升通道。只要是有天赋或者手艺的匠人，都有机会到国家机构工作或担任顾问，提升自己的社会阶层。

正所谓条条大路通罗马。罗马的工程建筑能力在当时举世无双，其对塞浦路斯的基础设施建设十分重视，在岛内大兴土木，修建公路、引水渠和港口等，确保塞浦路斯水源供应与交通便利，就连特罗多斯山脉地区都建有贯通的公路。良好的道路交通运输管理系统将城市、内陆与港口完整地连接起来，使得塞浦路斯出产的木材、酒、橄榄油、谷物以及铜矿石等能便捷地运至港口。他们还在城市里修建剧场、体育馆等大型公共设施，以丰富居民的文化生活。现在塞浦路斯可见的古代遗迹大多是罗马时代的产物。除公共设施外，罗马时期保存下来的居民建筑也多镶嵌有精美的马赛克图案，吸引众多旅行者前往参观。同时，得益于和平和地中海贸易的发展，彼时塞浦路斯经济繁荣，海上贸易尤为发达。下面就让我们通过岛内几大港口城市的变迁与遗迹一窥塞浦路斯在罗马统治时期的辉煌吧。

首先是帕福斯新城。延续托勒密王朝的传统，罗马总督驻地仍在帕福斯新城。作为岛内首都，帕福斯新城无疑是岛内的政治中心，保留有众多公共建筑和精美的私人别墅。罗马别墅通常都以精美的马赛克铺面，占地面积广，配置有多个晚宴厅、庭院以及浴室,室内多装饰有大理石雕塑。① 从该城遗存的罗马时期豪华的公共和私人建筑来看,其规模在安东尼和塞维鲁时期(2 世纪后期—3 世纪早期)达到了顶峰,比较著名的罗马别墅遗址有忒修斯别墅、酒神之家等。

　　忒修斯别墅占地约 9600 平方米,是岛上最大的住宅建筑,在地中海地区也是首屈一指的,曾经是古罗马驻塞浦路斯的总督的居所。酒神之家占地约 2000 平方米,地面铺设有马赛克图案,皆与神话传说相关,白色、褐色和绿色的镶嵌画碎片均取自天然石灰石,永不褪色,令人眼花缭乱。当时的帕福斯以出产美酒而闻名遐迩,别墅内绘有大量与酒相关的图案,由此推测这座别墅很有可能属于罗马时期富有的酒商,而"酒神之家"的称呼则得名于室内著名的酒神凯旋马赛克图,描绘的是酒神从印度凯旋带回奴隶与黑豹的场景。4 世纪之后,由于地震灾害,帕福斯新城趋于衰落。直到 1962 年,一位农民在耕作田地时挖掘出精美的马赛克图案碎片才使帕福斯新城往日的辉煌重见天日。

　　其次,古萨拉米斯城是岛上的文化、教育和经济中心,同时也是罗马时期岛内重要的港口城市。罗马修建大量公共设施与港口,使其经济繁荣发展,成为岛上最大的城市与海上贸易集散地。奥古斯都大帝、图拉真大帝、哈德良大帝都曾为萨拉

---

　　① Connelly, J. B. *Cyprus in the Age of Empires*: *Hellenistic and Roman Periods*, 310 *B. C.*—*A. D.* 330. S. Hadjisavvas. Ed. *Cyprus*: *Crossroads of Civilizations*. Nicosia: The Government of the Republic of Cyprus, 2010, p. 173-195.

米斯公共设施修建提供支持,如港口、竞技场、剧院的重建等。①
古城现存许多古罗马时期的遗址,如竞技场、罗马浴池和剧场
等,分布在萨拉米斯海岸线沿线足有 1000 米长。但 4 世纪的
地震同样对其造成了毁灭性的破坏。

　　我们至今仍可从萨拉米斯竞技场遗址窥见古城往日的荣
光。虽然宽敞的体育场几次被地震损坏,但哈德良大帝、君士
坦丁二世都对竞技场进行了修缮。现存遗迹大多为两次修缮
后遗留的形态。竞技场遗址留存有塞浦路斯最大的公厕设施,
为半圆形柱廊结构,一次可容纳 44 人。东侧设有大型浴池,包
括汗蒸室、大理石水池以及古罗马的供暖系统。这些建筑都装
饰以炫彩的马赛克和壁画图案,多以神话传说为主题。

　　最后,古库里翁遗址现留存有罗马时期的剧场、广场、浴场
以及精美的住宅建筑。在托勒密和罗马时期,得益于附近的阿
波罗亚尔蒂斯神庙,库里翁逐步发展成为岛上的宗教文化中
心。3 世纪,基督教开始在库里翁传播,并最终取代了阿波罗崇
拜,古库里翁逐渐衰落。

　　库里翁剧场建在山顶,可俯瞰大海。剧场始建于公元前 2
世纪,但在尼禄时期以及 2 世纪初期大规模重建,能容纳近
3500 人。在卡拉卡拉大帝时期,剧场经常被当作竞技场使用,
更受欢迎的角斗士竞技演出取代了原本的剧场表演。直到 3
世纪,角斗士竞技失宠后,剧场才得以回归本色。但在 4 世纪
的地震活动周期,剧场遭到大规模毁坏,仅有基座保留下来。
现存可参观的剧场其实是 20 世纪中期复原重建后的建筑,如

---

　　① Connelly, J. B. *Cyprus in the Age of Empires*: *Hellenistic and Roman Periods*, 310 B. C.—A. D. 330. S. Hadjisavvas. Ed. *Cyprus*: *Crossroads of Civilizations*. Nicosia: The Government of the Republic of Cyprus, 2010, p. 173-195.

今做露天表演以及国际古希腊戏剧节的场馆之用。

如果说希腊文明为塞浦路斯引入的是精神层面的文化,那么罗马时代带来的则是物质层面的发展。罗马时代,虽然塞浦路斯文化繁荣、商业发达,但相对于罗马帝国广袤的国土而言,塞浦路斯相当不起眼,以至于多数罗马总督的任期仅有 1 年。这自然可以在一定程度上预防腐败滋生,但是也从侧面说明对于需要累积更多政治资本的年轻的罗马贵族而言,塞浦路斯总督并不是一个非常吸引人的职位。① 293 年,戴克里先改革,塞浦路斯岛被归入东方行政区,与巴勒斯坦、腓尼基、叙利亚与西里西亚同属一个行政区,听从安提俄克的命令,为其后罗马帝国分裂后的归属奠定了基调。

此外,相较于纷争不断的边境地区,位于内湖的塞浦路斯岛并不能为罗马贵族带来军事荣耀。罗马帝国时期,岛上唯一的一次军事行动发生在 116—117 年间,目的是镇压岛内为反抗罗马长期的高税收统治而叛乱的犹太人。图拉真大帝迅速调军,平定暴乱。之后,罗马当局便驱逐了在塞浦路斯的犹太人。

塞浦路斯在罗马帝国的庇护下,在与世无争、相对独立的环境中平稳地发展着,乃至罗马帝国后期的经济衰弱都未能真正影响塞浦路斯的平稳与富饶。直到 4 世纪,两大外力震荡转变了塞浦路斯人的观念,奠定了现代塞浦路斯人的价值体系基础:一是在 324 年,君士坦丁大帝大败其东方对手李锡尼,使基督教在罗马帝国东部传播合法化;二是 3—4 世纪,岛内连续发生数次地震等自然灾害。

① Davis, T. "Earthquakes and the Crises of Faith: Social Transformation in Late Antique Cyprus". *Buried History*, 2010(46), p. 5-16.

在罗马帝国早期,塞浦路斯维持着阿佛洛狄忒、宙斯、阿波罗等多神崇拜体系,就连最初岛内道路的规划建设,都是围绕着帕福斯老城的阿佛洛狄忒神庙、库里翁的阿波罗亚尔蒂斯神庙以及萨拉米斯的宙斯神庙三大集会地连接而成的。45 年,基督教传入塞浦路斯,并迅速在岛上传播。但与埃及和黎凡特地区爆发的激烈宗教矛盾冲突不同,岛内的多神崇拜者与基督教徒之间能和睦相处。①

但不久之后,这种平衡就被岛内接连发生的地震以及君士坦丁大帝的到来所打破。270—332 年间,岛内发生一系列地震,破坏了萨拉米斯与帕福斯城,摧毁了很多港口城市。古人多迷信,地震多被其视为天降灾害,并且数次地震还对岛上三大神庙建筑造成了毁灭性的破坏,这不由深深动摇了古塞浦路斯人的信仰。如果众神发怒摧毁自身的神庙,这意味着什么呢?

恰逢其时,君士坦丁大帝扫平其东方对手。在古人眼里,两位具有不同信仰背景的将军之争,可绝不仅是军事实力之争,亦是背后信仰的神力较量。当信奉基督教的君士坦丁大获全胜时,他的胜利被视为基督神力在人间的显现。此外,君士坦丁的胜利为基督教在岛内的传播奠定了物质基础,比如为基督教兴建教堂提供资助等。

岛内基督教传播始于 45 年。使徒巴拿巴与保罗受安提俄克教会的委派,开始了基督教史上的第一次旅行布道。两位使徒走出巴勒斯坦向外邦人传教,布道的第一站正是塞浦路斯。巴拿巴本是塞浦路斯犹太人,两人在萨拉米斯登陆后,便周游

---

① Davis, T. "Earthquakes and the Crises of Faith: Social Transformation in Late Antique Cyprus". *Buried History*, 2010(46), p.5-16.

全岛,在犹太人教会中传教。在帕福斯新城,他们向罗马总督塞尔久·保罗斯展示"神迹"。当时陪同总督的还有一位巫师,这位巫师企图阻止总督改信基督教,保罗使其短暂失明,不得不依靠他人扶持方能行走。塞尔久·保罗斯被眼前的"神迹"深深震惊,皈依基督教,开启了罗马帝国贵族接受基督教的先例,使得塞浦路斯成为世界上第一个由基督教教徒统治的国家。不久,两位使徒在塞浦路斯建立基督教会,这也是世界上较早的基督教会之一。61 年,巴拿巴在萨拉米斯殉道,遗体据说被其追随者秘密埋藏在城内墓地。直到 400 多年后,其墓地才被发现,还帮了塞浦路斯教会一个大忙,此为后话暂且不提。

巴拿巴殉道后,基督教在岛内缓慢地传播。116—117 年间,由于岛内犹太人叛乱,罗马当局下令驱逐犹太人,使得基督教传播一度受到影响。但塞浦路斯仍旧凭借其开放包容的社会特性和安定的环境,吸引周边叙利亚与巴勒斯坦的众多基督教教徒来此避难。

因为基督教在岛内传播历史悠久,且早期布道者(如巴拿巴、拉扎勒斯等)的事迹在文献中多有记载,在后期基督教传播过程中也诞生了许多的圣人,如希拉里翁、斯皮里迪恩等,所以塞浦路斯岛又有"圣人之岛"之称。圣巴拿巴被视为塞浦路斯的守护神,多数岛内教堂都供奉有圣巴拿巴像,6 月 11 日为圣巴拿巴节。

到 4 世纪,塞浦路斯经济的衰退、君士坦丁大帝的推崇以及频繁的地震和旱灾为基督教在塞浦路斯传播培养出肥沃的土壤,"基督教几乎已经完全取代了当地原有的异教"①,改变了

---

① 澳大利亚 Lonely Planet 公司编,闵楠译:《塞浦路斯》,中国地图出版社 2015 年版,第 223 页。

塞浦路斯的历史发展轨迹，奠定了基督教在塞浦路斯延续至今的坚固根基。

彼时正值罗马帝国分裂之际，西罗马帝国分裂不久即瓦解，但东罗马帝国却延续了千余年的统治。君士坦丁大帝将首都迁至拜占庭，后将其更名为君士坦丁堡，因此东罗马帝国又称为拜占庭帝国。因为岛屿与世隔绝，罗马帝国的分裂更替并未对塞浦路斯带来实质影响，塞浦路斯自然地归入拜占庭帝国的统治范围。虽然略有争议，但拜占庭帝国基本在塞浦路斯保持了千年的政权稳定，直至 12 世纪英格兰国王查理愤怒登岛才结束。

为了更好地掌控塞浦路斯，君士坦丁二世迁都萨拉米斯，并为地震后萨拉米斯城的重建提供支持，其后该城更名为"君士坦提亚"（Constantia），成为塞浦路斯的新首都。君士坦丁二世希望通过迁都，为岛内经济发展注入新活力。由于地理条件限制，塞浦路斯港口贸易有不同的侧重点：帕福斯主要与意大利、罗马等帝国西部地区贸易，而阿马索斯与萨拉米斯则与安提俄克、西里西亚和黎凡特等帝国东部地区贸易密切。通过迁都，君士坦丁二世希望进一步加强岛屿与黎凡特的经济与文化联系，同时将塞浦路斯更好地掌控在安提俄克的东方大行政区之中。

作为罗马文化的延续者，拜占庭帝国的统治艺术是罗马公民思想、希腊哲学和基督教三者的结合，其中希腊文化在拜占庭帝国文化中占据主导地位。而自君士坦丁大帝授予基督教合法地位后，基督教得以在整个帝国快速传播。

拜占庭帝国初期基督教传播的重要推动者之一海伦娜，是君士坦丁大帝的母亲，她在塞浦路斯也留有历史遗迹，至今仍备受推崇。325 年，海伦娜受命前往耶路撒冷寻找耶稣遗迹。

当时的耶路撒冷正从哈德良大帝的毁坏之中慢慢恢复生机,海伦娜历经艰辛,成功找到耶稣受难地并带回钉死耶稣的圣十字架遗物。在返程途中,海伦娜路过塞浦路斯岛,在十字架山(Hill of Crosses)修建了斯塔夫罗沃尼修道院,并将圣十字架的碎片存放在神殿中供世人朝拜。

4—5世纪,岛内修建了很多教堂与礼拜堂。随着基督教不断壮大与发展,塞浦路斯教会希望能从安提俄克教会分离出来,获得更大的独立自治权,这样塞浦路斯教会所收受的捐赠便不用再上交安提俄克教会,还可以加强与巴勒斯坦教会的直接联系。

此项心愿最终在查士丁尼统治时期得以实现。据传,当时塞浦路斯主教安西米奥斯在梦里知晓了圣巴拿巴的墓地所在,于是挖掘出巴拿巴的遗体,当时巴拿巴手里还握着一本华丽的《马太福音》。安西米奥斯深以为奇,将此事汇报给当时的拜占庭皇帝奇诺,并说明塞浦路斯教会是由圣徒们创建的,希望能将塞浦路斯教会从安提俄克教会中独立出来。奇诺同意了该项请求。之后,教会在巴拿巴墓地处修建了一座圣巴拿巴教堂,四壁都配有精美的马赛克和壁画,还建有拱顶,这也是岛上拜占庭时期修建的美丽的教堂之一。

至此,塞浦路斯教会的地位得到提升,塞浦路斯大主教也拥有了更大的权力。至今塞浦路斯大主教仍沿用拜占庭传统,手执拜占庭皇帝钦赐的代表大主教权威的权杖,身穿红色斗篷,用朱笔签署文件。这项改变象征着岛内宗教势力介入政治事务的开端。①

---

① Mallinson, W. *Cyprus: A Historical Overview*. Nicosia: Press and Information Office, 2011, p. 12.

　　7世纪,为躲避阿拉伯人的掠夺,查士丁尼二世将岛内的基督徒迁移至达达尼尔海峡的"新查士丁尼区",由塞浦路斯大主教主持,许多人在迁移过程中因船只失事和疾病而去世。查士丁尼二世去世后,塞浦路斯人又回迁。为纪念这段流亡时期,塞浦路斯大主教至今仍冠以"新查士丁尼区兼塞浦路斯大主教"的头衔。①

　　11世纪起,基督教会分裂为罗马天主教与东正教。塞浦路斯教会归属东正教,此后东正教便成为塞浦路斯主要的宗教信仰。至今,岛上仍遗留有大量大小不等的拜占庭时期的教堂、修道院,是塞浦路斯悠久历史的见证,联合国教科文组织亦将特罗多斯地区的9所教堂列为世界文化遗产。受拜占庭艺术的影响,该时期的塞浦路斯教堂有丰富的圣像画。神学是拜占庭艺术的核心,在拜占庭帝国的全盛时期,蓝色马赛克图案成为装饰教堂建筑的中心元素,大多描述《圣经》和基督教相关场景。② 但后期由于材料与技术工艺的昂贵,马赛克图案逐渐被壁画所取代。

　　除基督教的传播外,拜占庭时期的塞浦路斯呈现的另一特点是深受阿拉伯人的袭扰。自5世纪伊斯兰教在地中海彼岸崛起开始,阿拉伯民族的实力不断发展壮大,时不时与拜占庭帝国产生纷争。7世纪,埃及与黎凡特地区相继归于阿拉伯人的统治。原以为地中海能守护塞浦路斯的安全,没想到后来阿拉伯人组建了船队,地中海也不能阻止其对富饶的塞浦路斯岛发动袭击。塞浦路斯岛很快就被推到拜占庭帝国和阿拉伯国

---

　　①　何志龙:《塞浦路斯》,社会科学文献出版社2011年版,第36页。

　　②　Theodorou, E. *The Byzantine Museum in Nicosia*, http://cyprusfortravellers. net/en/review/byzantine-museum-nicosia-part-archbishop-makarios-iii-cultural-foundation,2019-05-12.

家冲突的前线。

7世纪中叶，阿拉伯叙利亚总督穆阿维耶为增强在地中海的实力，发动对塞浦路斯的远征。伊斯兰教创始人穆罕默德的叔母哈拉姆，作为其忠诚的追随者，也参加了此次远征，但在拉纳卡盐湖附近从骡子上坠落而亡，随后便被安葬在拉纳卡。奥斯曼时期，后人在其埋骨地附近修建了一座清真寺，这便是现在赫赫有名的伊斯兰教朝圣地哈拉苏丹特克清真寺。在男权占绝对统治地位的伊斯兰世界，塞浦路斯岛内竟然有一座供奉女神的清真寺，真正延续了岛内对女性神祇崇拜的传统。穆斯林妇女可进入清真寺祈祷，哈拉姆是她们的特定圣人，可以从中为她们说项，向真主转达祝愿。

塞浦路斯的沿海民众开始频繁受到阿拉伯海盗的袭扰。他们可以在任何地方登陆，遇城镇便杀人放火，抢走村民的财物，从钱财、水果到牲口，乃至男人都不放过，通通装上船，并迅速回撤。① 政府派出的船队对其束手无策，普通民众只有通过预警，寻找隐藏点，来躲避阿拉伯海盗的突袭。因此，沿海城市通常会在海岸的制高点设瞭望哨位，如此便能观测到远方的情况，当有可疑船只出现时，他们会以火光和烟雾示警。村民看到信号后，便会带上家眷、牲畜以及值钱的细软躲入内陆地区，直到瞭望员发出解除示警的信号才返回。现存最大的3处瞭望城堡都位于北部海岸的凯里尼亚山区，分别是布法文托城堡、圣希拉里昂城堡与坎塔拉城堡。这些城堡高高耸立在山顶上，能对周边数千米范围内起到很好的警戒作用。

668年，拜占庭帝国与阿拉伯哈里发帝国签署协议。之后

---

① Von Löher，F. *Cyprus：Historical and Descriptive*. London：W. H. ALLEN & CO.，1878，p. 108.

的 300 年间,塞浦路斯处于两国的共同管辖之下,拜占庭解除在塞浦路斯驻军,而塞浦路斯必须接收穆斯林移民,并将赋税平分给拜占庭和哈里发。这无疑大大加重了塞浦路斯的经济负担,并且协议不能使塞浦路斯免受阿拉伯人的袭击。刚开始海盗仅是掳劫财物,后来开始摧毁岛上的建筑,掳获男丁去做奴隶。因此,塞浦路斯上古时期的建筑便遭了殃,神庙化为废墟,城镇被夷为平地,希腊城邦以及罗马时期的痕迹被磨灭。①此外,由于沿海城市多受破坏,且易受袭击,山区逐渐成为民众的定居点,首都萨拉米斯惨遭洗劫,元气大伤,再没能恢复。②

　　特罗多斯山脉是塞浦路斯最大的山脉,占地约有 1000 平方千米,约为全岛面积的 1/3,现今是人们旅行参观和户外运动的主要目的地。在古代,人口多聚集在沿海城市,山区少有人居住,多是穷人、强盗和逃犯的庇护所。少有古文献对特罗多斯山脉的定居点有过记载。

　　早期的特罗多斯地区以岛内的重要产铜地而闻名。在罗马人到来之前,山区不乏铜矿的开采;但罗马人凭借精湛的工程修建技术和先进的冶炼技术,加快了采矿的速度和进程,推动山区的矿业飞速发展。罗马自奥古斯都大帝时期起便将矿坑国有化,开采出大量品质上乘的铜矿。现在山区仍能发现不少罗马时期的矿洞遗址以及黑得发亮、类似煤块的矿渣。现代矿工依据这些矿渣堆勘采矿源,但不管他们在何处开矿,结果必然会挖到古代的矿井和坑道,它们纵横交错地散布在山脉内

　　①　Von Löher, F. *Cyprus*: *Historical and Descriptive*. London: W. H. ALLEN & CO., 1878, p. 109.
　　②　澳大利亚 Lonely Planet 公司编,闵楠译:《塞浦路斯》,中国地图出版社 2015 年版,第 224 页。

部,深度极为惊人。① 即便在深达五六百米的矿井下,仍能发现罗马人挖掘出的坑道,包括矿井、排水渠、梯道样样齐全,不免让人惊讶在当时缺乏通风设备和大型机械的情况下,罗马人是如何做到的。

除了矿业外,山区还储备有丰富的林业资源。据说在 9 世纪初期,特罗多斯山产出的雪松和松树树干被运送至耶路撒冷,用以修缮圣墓。罗马时代后期,为方便山区矿产与林业资源的输出,特罗多斯山脉中已建成 3 条连通的公路。这些道路系统为山区人口的增加奠定了基础。在这些道路沿线,慢慢形成了居民的定居点。

到了拜占庭时期,由于山区不易遭受地震袭击,不易受到阿拉伯人的侵略,更多人开始移居特罗多斯地区。同时,山区肥沃的土壤、丰富的降水和便利的水源为树木和葡萄栽培提供了良好的条件,于是葡萄庄园、磨坊等产业纷纷入驻山区。② 迁都尼科西亚后,内陆地区的丰富物产能通过尼科西亚和利马索尔快速转移输出,为山区的经济发展奠定基础。更重要的是,城市生活的复兴不仅为山区农产品输出提供市场,也帮助山区产业从矿业和林木业转型为葡萄栽培、树木栽培以及农牧业。这些因素又进一步加快了山区定居点的发展。

同时,山区便于躲避,以及富人们不时为山区内的教堂提供捐赠,造就了山区内多座精美的教堂建筑。当平原地区的主教堂在动乱中遭到劫掠时,矗立在山谷中的教堂却得以保存下

① 柯林·施伯龙著,黄芳田译:《爱神的国度:深入塞浦路斯》,黄山书社 2012 年版,第 95 页。

② Papacostas, T. "The Troodos mountians of Cyprus in the Byzantine Period: Archaeology, Settlement, Economy". *Cahiers du Centre d'Etudes Chypriotes*, 2013(43), p. 175-200.

来。几个世纪下来,这些教堂时不时加建尖顶或走廊,绘制湿壁画,借着色彩鲜艳的壁画故事,广泛地传播着基督教以及东正教信仰。

965年,在尼西弗鲁斯·福卡斯皇帝的主持下,拜占庭军队将阿拉伯穆斯林赶出塞浦路斯,授予驻塞浦路斯的拜占庭总督以公爵称号,将首都从萨拉米斯迁至内陆的尼科西亚。因为沿海城市的防御能力弱,容易受到攻击,而尼科西亚位于平原的中心,多少能抵御一些,因此尼科西亚在拜占庭后期逐渐繁荣。拜占庭重新获得地中海的控制权,塞浦路斯再次成为拜占庭驻军省份,岛内的穆斯林或离开或皈依基督教,主要城市的经济得以复苏甚至扩张,塞浦路斯又延续了200多年的和平。

12世纪以后,延续千年的拜占庭帝国,因其管理体制逐渐僵化,不可避免地走向衰落。1299年奥斯曼帝国成立后,不断发动对拜占庭的入侵战争,最终拜占庭帝国于1453年灭亡。

但对塞浦路斯而言,拜占庭帝国对其的控制在12世纪晚期便已失效。1185年,拜占庭帝国委派到塞浦路斯的最后一任总督艾萨克·科穆宁终于摆脱了拜占庭帝国的控制,自立为王,但他在岛内倒行逆施,横征暴敛,为岛内民众所憎恶。后来塞浦路斯被十字军占领,开始像商品一样频繁被转让买卖。

频繁的更替

　　塞浦路斯人不像希腊人或腓尼基人，他们从来不曾在海上称霸过，然而海洋却塑造了他们。大海成为相互往来的通衢大道，为他们带来了商业、理念和侵略者，所有跟文明与不满足有关的因素。①

　　塞浦路斯从来不是一座孤岛。地中海发生的事件如同蝴蝶扇动翅膀一般，很可能在塞浦路斯掀起一阵风暴。1187 年，撒拉丁夺回被基督教控制了近百年的耶路撒冷，推翻了盖伊·鲁西格南的耶路撒冷王国。为夺回对圣地的控制权，英法德三国组成联军，发起了第三次十字军东征，其中英国"狮心王"理查一世的舰队需从海路前往耶路撒冷。在征程路上，舰队遭遇暴风雨，出现了小意外。

　　1191 年，3 艘舰船摇摇晃晃地向利马索尔的口岸缓缓靠近，触礁搁浅了，其上搭载有 2 位重要的女士，分别是理查的姐姐、西西里岛皇后乔安娜以及理查的未婚妻、来自纳瓦拉的伯伦加莉亚。这 3 艘孤零零的舰船正是理查舰队失散的伙伴。

　　彼时，康尼努斯王朝的艾萨克已经在岛上自立为王，统治 7 年之久，面对孤零零的舰船和落单的女士，他打起了如意算盘。他将 2 位女士诱骗上岸，将其囚禁以索要赎金。不久，英国舰

---

　　①　柯林·施伯龙著，黄芳田译：《爱神的国度：深入塞浦路斯》，黄山书社 2012 年版，第 276—277 页。

队出现在塞浦路斯的海平线上,理查得知未婚妻受辱的消息后,火冒三丈,于是率军攻打塞浦路斯,打破了艾萨克的美梦。登陆后,理查与伯伦加莉亚在利马索尔的圣乔治教堂举行了盛大婚礼,理查自立为塞浦路斯王,伯伦加莉亚加冕为英格兰王后。

听起来这是一则冲冠一怒为红颜、英雄救美的童话故事,但现实永远不是童话。对于伯伦加莉亚而言,因为长辈的指婚,她开启了一段历经万难的追夫之旅,短暂的相聚后是一场仓促的婚礼,这也是英国皇室唯一在海外举行的婚礼。而且因为理查四处征战,英年早逝,伯伦加莉亚作为英格兰王后却从未踏入英国的土地。

话分两头,自理查登陆后,面对训练有素的英国军队,艾萨克闻风而逃,躲入坎塔拉城堡,希望理查这尊大神早日离去。但事与愿违,偏偏这时理查病情加重,不得不滞留岛上休养,伺机夺取塞浦路斯岛控制权。最后,艾萨克在圣安德烈修道院被擒后投降,应其要求,理查用银链子而非铁链子来囚禁他。

在岛上滞留期间,理查意识到塞浦路斯岛的重要性,它不仅可以作为军火库,还能提供军舰停泊地。然而,一如其一贯作风,理查善于征战,却不愿花过多的心思好好治理征服的土地,而是急着前往耶路撒冷参战。并且为了筹集军费,他向岛上民众肆意征税。不久,理查因岛内人民不断暴动而不堪其扰,便将岛屿以10万拜占庭金币的价格出售给了圣殿骑士团。

在失去巴勒斯坦的根据地后,圣殿骑士团希望退而求其次在地中海对岸的塞浦路斯建立自己的王国,于是他们很爽快地一次性支付4万金币,剩余金额要求分期付款。很快,圣殿骑士团也落入与理查相同的困境。因为要四处征战,他们无法在岛上部署过多军队来应对岛内民众的暴乱。因此,圣殿骑士团只好再与理查商量是否能够回购塞浦路斯岛。

此时理查已将塞浦路斯岛视为负累,于是在意大利商人的资助下,塞浦路斯于1192年落入盖伊·鲁西格南之手,从此开启鲁西格南家族在塞浦路斯延续300年的统治。意大利商人要求的回报便是鲁西格南为其在地中海贸易提供便利。而圣殿骑士团亦得以保留其在岛上的资产与城堡,包括位于利马索尔与科洛西的城堡等。这些资产为后来的圣殿骑士团和医院骑士团提供了庇护所,并一直保留到奥斯曼帝国统治时期。

虽然理查在塞浦路斯的统治时间非常短,但他对塞浦路斯社会形成了深远的影响。首先,对于塞浦路斯而言,他开启了西欧势力在岛上300年的统治时期,并为岛上带来了领主封建制度以及拉丁天主教。其次,理查对原属于拜占庭帝国领土——塞浦路斯的占领,迈出了拜占庭帝国向西欧封建领主屈服的第一步,也为十数载后十字军对君士坦丁堡的占领埋下了隐患。

有了"狮心王"理查和圣殿骑士团失败先例后,鲁西格南家族接手的是复杂且棘手的局面。多数塞浦路斯人说希腊语,信仰东正教,当然还有少量来自希腊、拜占庭以及伊斯兰国家的基督教移民,可以说塞浦路斯人口结构复杂,文化背景杂糅;而鲁西格南家族是发源于法国的贵族,信仰的是拉丁天主教文化,说的是法语。对于岛上少数拉丁族裔的统治阶级来说,如何治理这个语言、信仰、文化背景与自己迥然不同的岛屿,是执政者首先要解决的问题。

鲁西格南的解决方法是引入西欧的封建领主制度,增加岛上拉丁族裔的人数,邀请从巴勒斯坦追随其而来的骑士、贵族和神职人员移居到塞浦路斯,作为回报,赠予岛上的土地。① 这些贵族和骑士多由法兰西人和意大利人组成,拥有大量土地和农奴,共同构成鲁西格南时期的上层阶级。王朝初期,由于他们仍心心念念着夺回耶路撒冷的失地,塞浦路斯财富流失严重;但百年之后,随着基督教在耶路撒冷最后的港口阿克的陷落,塞浦路斯成为靠近耶路撒冷的最后一个基督教王国,越来越多西欧、西亚以及东非的难民前来塞浦路斯定居,进一步丰富了岛上的人口结构和文化背景,促进了岛上贸易的迅速发展。

在国家的治理上,沿用《耶路撒冷训诫法典》制定制宪和立法制度,极其微妙地平衡着国王与国家的权力,同时保留了当地的部分法律和习俗。重要事务需要在国王主持的王室会议上决定,寻常的法律事务则由普通法庭审理,普通法庭由国王任命的子爵或代理以及 12 名公正的自由民组成。所有与公民权、商业权相关的案件均由普通法庭审理。

土地仍然是财富积累的重要因素,贵族和骑士拥有大量土地和庄园,积累了大量财富。特别是在阿克沦陷后,塞浦路斯经济得到前所未有的繁荣发展,大量西欧和近东移民的到来也为塞浦路斯的出口贸易带来了商机。除了传统农产品外,陶瓷以及羽纱、锦缎等纺织品也是重要的出口物资,尤其是尼科西亚出产的各色羽纱在叙利亚和埃及市场售价非常高。但这些财富都集聚在少数法兰西统治阶级和意大利商人的手中。在鲁西格南统治的后期,岛上贵族生活奢靡成风。东方的奢侈商

---

① Bozkurtoğlu, Ö. *A Multi-lingual Island in the Middle Ages：Cyprus of the Lusignan Dynasty.* Arda Arikan and Serhat Cem Bilgi. Eds. 4th *Language，Culture and Literature Symposium.* Akdeniz University, 2018，p. 268.

品,如香料、丝绸等在尼科西亚随处可见,法国贵族纷纷与希腊、亚美尼亚的贵族通婚。这些贵族"兼具法国的趾高气扬、叙利亚的脂粉气,以及希腊的滑溜灵巧"①。

建立在一切奢华表层与商贸繁盛之下的是性情柔顺但是地位卑下的塞浦路斯普通民众。在鲁西格南统治期间,岛内普通民众在公共事务决策方面并没有太多的话语权。只有少数富商能获得公民权利,多数农民则需耕种贵族的土地,赋税繁重,生活十分困苦,是统治阶级剥削和奴役的对象。农民阶级可分为 3 类:第一类需要一周为领主服役 2 天,缴纳人头税和 1/3 的收成;第二类只需缴纳人头税,但是不能随意更换耕种土地;第三类称为佃农,可以随意更换耕种土地,但是需要向领主上缴 1/2 的收成。②

在精神层面上,天主教随着十字军进入塞浦路斯,岛内修筑有很多天主教堂,尼科西亚的圣索菲亚大教堂、凯里尼亚的贝拉佩斯修道院都是这一时期哥特式建筑的产物。在统治初期,鲁西格南家族明确天主教的统治地位,对东正教进行压迫;在法马古斯塔、利马索尔、尼科西亚和帕福斯建立拉丁教会,并将土地和收税权划归拉丁教会,东正教的发展严重受限。但是岛内多数民众仍然坚持东正教信仰,听从东正教神职的引导。

拉丁教会对东正教会的压迫进一步加剧了法兰西人与塞浦路斯民众之间的紧张关系。这局面直到约翰二世执政期间(1432—1458)才得以改善。当时,约翰迎娶了拜占庭皇帝的孙女海伦·帕拉奥罗戈斯,海伦王后是东正教徒,并且性格强势,

---

　　①　柯林·施伯龙著,黄芳田译:《爱神的国度:深入塞浦路斯》,黄山书社 2012 年版,第 237 页。

　　②　Von Löher, F. *Cyprus: Historical and Descriptive*. London: W. H. ALLEN & CO., 1878, p. 43.

很快就掌握了王朝的实权,并恢复了东正教的统治地位,复苏了岛上沉寂数百年的希腊文化。海伦王后的执政理念虽然为法兰西人所不喜,但深受塞浦路斯民众的欢迎。塞浦路斯民众一直将其视为女中豪杰。

鲁西格南家族统治塞浦路斯 300 多年,历经数位帝王,其中有野心勃勃的实力王者,也有懦弱不堪的短命帝王,让我们一起来看看鲁西格南家族在塞浦路斯的传承史吧。

虽然盖伊·鲁西格南是鲁西格南家族在塞浦路斯的首位掌权者,但他并没有在塞浦路斯称王,仅保有"耶路撒冷王"的空头衔。他的接替者是其哥哥阿马利克。为了彰显地位的合理合法性,同时得到拉丁教会的支持,阿马利克邀请神圣罗马帝国教皇亨利六世为其加冕。1197 年,他正式成为鲁西格南家族的第一位塞浦路斯国王。

初期,鲁西格南王朝的国王(休夫一世、亨利一世与休夫三世)都积极参与十字军东征,将塞浦路斯打造成为准备收复失地的十字军的避风港。直到 1291 年阿克陷落,基督教在黎凡特地区的最后据点丧失,十字军和西方商人只能退守塞浦路斯。

之后塞浦路斯发展步入辉煌时期,经历了亨利二世、休夫四世、彼得一世的统治。阿克陷落后,塞浦路斯吸引了众多在圣地失去财产的商人和十字军难民。并且由于伊斯兰教和拉丁天主教的敌对关系,天主教教皇一度发布禁令,禁止与伊斯兰国家进行贸易往来,特别是军用物资贸易。但由于塞浦路斯有大量近东地区的移民,对与叙利亚进行贸易有优势,该贸易禁令予以豁免。塞浦路斯成为东西方贸易的主要场所,直到 14

世纪中期,教皇解除该项禁令,塞浦路斯地位才有所下降。[①]

　　彼得一世执政期间(1359—1369)是鲁西格南家族统治的鼎盛时期。彼得一世勇猛果敢,秉持着鲁西格南家族传统的骑士精神,发誓要恢复耶路撒冷。为了牢记他的誓言,彼得始终佩戴没有剑鞘的宝剑。在年纪轻轻,刚接替王位时,他便应亚美尼亚王国(空有头衔的拉丁王国之一)的要求,在安纳托利亚打了一场胜仗,显示出优秀的军事才能。之后为了收复圣地,1362 年,彼得前往欧洲各国游说寻求支援,组建十字军。但是西欧各国内部矛盾重重,且领主各有谋算,彼得耗尽心力,3 年后终于组建了一支十字军舰队。在周密的计划安排下,他出其不意地袭击了埃及亚历山大城。当时的埃及由伊斯兰苏丹马穆鲁克所控制,是其伊斯兰实力的主干所在,而且亚历山大城是进出埃及的重要通道。经过鏖战,联军成功攻陷亚历山大城,并大肆抢掠 3 天。遗憾的是,攻陷亚历山大城后,联军或因惧怕埃及苏丹的援军与报复,或因满足于劫掠所得,或因未等到欧洲盟军支援,并没有乘胜追击,而是选择返回塞浦路斯。[②]

　　虽然彼得返程后继续前往欧洲游说,但是效果非常不理想。彼时的教皇已丧失对西欧王室的约束力,而且海战极大地

---

　　① Coureas，N. S. *The Lusignan Kingdon of Cyprus and the Sea*，13th—15th Centuries. Michel Balbard. Ed. *The Sea in History：The Medieval World*. vol. 3. Woodbridge：Boydell Press，2017，p. 369-381.

　　② Coureas，N. S. *The Lusignan Kingdon of Cyprus and the Sea*，13th—15th Centuries. Michel Balbard. Ed. *The Sea in History：The Medieval World*. vol. 3. Woodbridge：Boydell Press，2017，p. 369-381.

影响了地中海的贸易,招致威尼斯人和热那亚人的强烈反对。①
在获悉王后对其不忠后,彼得匆匆返回塞浦路斯,之后不久便
因宫廷矛盾被手下的贵族乱刀砍死,正所谓"壮志未酬身
先死"。

　　彼得一世执政期间,土地耕种方式的改进、稳定的岛内环
境、增长的人口都为王朝积累了大量的财富,但是自我放纵和
过度挥霍开始削弱上层阶级的力量。彼得一世去世后,鲁西格
南家族逐渐走上下坡路。在接下来的百年中,塞浦路斯惨遭热
那亚人和埃及马穆鲁克的侵袭,兼之在位者软弱无能,频繁更
迭,王朝控制权逐步被威尼斯人削弱。

　　13—14世纪繁忙的地中海贸易使得意大利两大商贸团体
势力威尼斯人与热那亚人逐步强大。他们凭借精明的个性、圆
滑老练的周旋技能与娴熟精干的商贸船队成员在地中海崭露
头角。塞浦路斯因其良好的地理位置、港口条件以及丰富的物
产,成为两大势力不断争取的对象,同时两大势力因为利益关
系互为竞争对手,时有纷争。

　　冲突在彼得二世(1369—1382年在位)的加冕典礼上爆发。
威尼斯人与热那亚人因谁为彼得二世的坐骑持缰绳而起了争
执,最后演变为流血冲突。随后,热那亚人进行了报复,派出舰
队攻陷尼科西亚和法马古斯塔,掳获彼得二世。1377年,热那
亚与塞浦路斯达成协议,鲁西格南王室支付大笔赎金,热那亚
释放彼得二世,扣留摄政王詹姆斯,并占领法马古斯塔直至全
额收到赎金。彼得二世去世后,摄政王詹姆斯(1383—1398年

---

① 　Parker, S. K. *Peter I de Lusignan* (1359—1369), *the Crusade of* 1365, *and the Oriental Christians in Cyprus and the Mamluk Sultanate*. Sabine Rogge, Michael Grünbart. Eds. *Medieval Cyprus — A Place of Cultural Encounter*. Münster: Waxmann, 2015, p.53-71.

在位)成为塞浦路斯国王,作为释放条件,法马古斯塔被割让给热那亚人。塞浦路斯未从这次打击中恢复过来。

后继者雅努斯(1398—1432年在位)试图从热那亚手中夺回法马古斯塔,但在医院骑士团的周旋下,双方决定一致对外,共同抵御威胁。雅努斯率领舰队袭击埃及,此举为塞浦路斯,特别是鲁西格南王室带来了灭顶之灾。埃及马穆鲁克一直蓄意报亚历山大城沦陷之仇,率领埃及远征军攻破塞浦路斯首都尼科西亚,摧毁鲁西格南王宫,焚毁了整座城市,掳获国王雅努斯,杀死或擒获大量贵族。最后经斡旋,塞浦路斯被迫向马穆鲁克支付20万达克特①的赎金,并且同意每年向埃及上交5000达克特的岁贡,相当于承认埃及的宗主国地位。

热那亚的赎金已经使塞浦路斯的经济濒临崩溃,现在又需要向埃及缴纳赎金和岁贡,只能加重王朝的税赋。这使得本不富裕的塞浦路斯民众生活更为困苦,农民爆发起义,加速了鲁西格南王朝的衰落。此外,王室内部的钩心斗角进一步削弱了鲁西格南家族的执政地位。

为安抚岛内希族人,詹姆斯的儿子约翰二世续娶了出身拜占庭王族的海伦。海伦王后性格强势,维护东正教的地位,守护希族人的利益,深受岛内民众的爱戴,但引起了拉丁贵族的不满。

海伦王后只有一个独生女夏洛特,但是约翰二世还留有一名私生子詹姆斯,且深受其父亲喜爱。在海伦王后和约翰二世相继去世后,夏洛特女王与雄心勃勃的异母兄弟詹姆斯开启了夺权之争。在王室的支持下,詹姆斯阴谋败露,被流放埃及。

---

①　达克特,是欧洲从中世纪后期至20世纪,作为流通货币使用的金币或银币。当时,威尼斯的金达克特获得了广泛的国际认可,地位等同于现代的英镑和美元。

没想到,1460 年,在埃及马穆鲁克的支持下,詹姆斯卷土重来,迫使夏洛特不得不避守凯里尼亚城堡 4 年,最后逃往罗马。

詹姆斯二世(1460—1473 年在位)虽然取得了塞浦路斯的实际控制权,但其王位并未得到罗马的承认,因此史书中一直留有"篡夺者詹姆斯二世"之名。其最大的功绩是在威尼斯的帮助下,从没落的热那亚人手中夺取了法马古斯塔。但詹姆斯也犯了一个致命错误,几乎终结鲁西格南王朝,拱手将其让与威尼斯共和国。为了争取威尼斯的支持,詹姆斯迎娶威尼斯贵族卡特琳娜·科纳罗为妻。威尼斯长期觊觎塞浦路斯的地理位置,詹姆斯的联姻提议正中其下怀,于是隆重地送卡特琳娜出嫁。

婚礼次年,詹姆斯便因一场小病逝世,彼时卡特琳娜正身怀六甲,继任为塞浦路斯女王,而卡特琳娜的儿子出生后不久便夭折。随着卡特琳娜上台掌权,威尼斯人已经成为岛上的实际掌权者。他们占据重要的政府职位,在岛上重要关卡和城堡布兵,驱逐反对势力。卡特琳娜仅成为名义上的女王。

但威尼斯还不满足于此,1489 年,卡特琳娜女王禅位,将塞浦路斯交由威尼斯管理和统治,结束了鲁西格南王朝在塞浦路斯 3 个世纪的统治。

岛内主要城市的兴衰史似乎各自对应着塞浦路斯政权的更替,其中最能映照鲁西格南家族的城市便是法马古斯塔。阿克的沦陷意味着拉丁势力在近东地区的最后据点被抹除,也标志着西方商旅 2 个多世纪以来享受的商贸便利的丧失。此消彼长,塞浦路斯成为西方控制东地中海地区的政治与军事前线,为西方商旅在埃及和近东地区进行贸易提供了避风港,也顺势造就了港口城市法马古斯塔的辉煌。

法马古斯塔的崛起是突然的,在阿克沦陷前,它一直是一个默默无闻的港口,一如其古老的希腊名 Ammochostos(意为"埋在沙子里的"),作为古城萨拉米斯的陪衬而存在。但就在13 世纪末期,随着十字军被赶出叙利亚,意大利境内几个沿海公国的商人和银行家将原先散布在叙利亚沿岸的 12 个港口,聚集到黎凡特地区唯一安全的深水良港。① 法马古斯塔成为地中海最重要的商贸中心,源源不断的朝圣者来塞浦路斯避难,并为其带来勃勃商机。法马古斯塔一夜暴富,接纳东方的商旅,然后将商品转口分销至西方各地。城内居民的暴发户行为,引发人们的广泛批评,特别是传教士的鄙视。为了消除这些负面评价,城内修建了很多的教堂。假如现在你有机会去法马古斯塔一游,仍可发现城内零星点缀着一些哥特式教堂,那正是这座城市在鲁西格南时期与拉丁天主教会紧密联系的体现。到 14 世纪中期,城内已经是教堂林立。富商们经常在出海前到教堂许愿,如果货物能平安抵达,便为圣人修一座教堂。②

鲁西格南时期,东正教与拉丁天主教的并立能从城中林立的教堂分布中窥见一斑。法马古斯塔东正教主教堂是希腊教会的圣乔治教堂,而拉丁天主教的主教堂则是圣尼古拉斯教堂。两座教堂比邻而立,圣乔治教堂体现的是浑厚壮丽的哥特式与拜占庭的混合风格;圣尼古拉斯教堂是在拜占庭时期教堂遗址上修缮的哥特式建筑,虽然后期经过伊斯兰教的改造,但仍能从中感触到鲁西格南时期两大教会势力的暗地角逐。

此外,法马古斯塔的天主教堂还承载着另一项使命。由于

---

①　柯林·施伯龙著,黄芳田译:《爱神的国度:深入塞浦路斯》,黄山书社 2012 年版,第 310 页。

②　澳大利亚 Lonely Planet 公司编,闵楠译:《塞浦路斯》,中国地图出版社 2015 年版,第 184 页。

法马古斯塔靠近圣地,已经失去领地、有名无实的耶路撒冷诸王选择在此举行新王登基加冕典礼①,以延续其血统和地位的尊崇。乃至后期引发威尼斯与热那亚斗争的彼得二世加冕礼亦是在法马古斯塔举行的。由于热那亚人的报复,法马古斯塔一度陷入热那亚之手,被大肆掠夺,直到1464年重回鲁西格南治下,经济才慢慢得到恢复。

法马古斯塔作为欧洲与近东商品贸易的中转站差不多持续了百年。直至威尼斯统治期间,法马古斯塔仍是其商贸路线的主要港口。因此,威尼斯花费大量精力加强法马古斯塔的防御力量,但是最后仍未能抵御奥斯曼帝国的进攻。到奥斯曼统治时期,法马古斯塔逐渐失去其亮丽的光芒。

追本溯源,不论"狮心王"理查、骑士团,还是鲁西格南家族,都是十字军东征的产物。法兰西、日耳曼文化在塞浦路斯犹如昙花一现,未留下过多痕迹,但要论十字军的遗产,除了高耸华丽的拉丁教堂外,绝对绕不过其修缮加固的城堡。

鲁西格南家族王室、贵族与骑士占据塞浦路斯大部分财富,生活奢靡。为了加强对整个岛屿的控制,也或许是出于少数族裔统治的不安全感,鲁西格南家族沉迷于在岛内建造与修葺城堡,这些城堡遍布尼科西亚、帕福斯、利马索尔、凯里尼亚等地,著名的有凯里尼亚城堡、圣希拉里翁城堡、呼风堡与坎塔拉城堡。

凯里尼亚城堡位于塞浦路斯北部沿海,守护着凯里尼亚港的重要出入口。中世纪,凭借着高耸的城墙,此城堡可谓固若金汤,多次为鲁西格南王族提供庇护。威尼斯与热那亚争斗期

---

① 柯林·施伯龙著,黄芳田译:《爱神的国度:深入塞浦路斯》,黄山书社2012年版,第238—239页。

间,彼得一世的遗孀、太后埃莉诺曾避居凯里尼亚城堡,成功抵御住了热那亚人的进攻。雅努斯国王被掳埃及期间,其他王室成员也曾避居凯里尼亚城堡,等待埃及军队的撤退。夏洛特女王在与其异母兄弟夺权时,同样选择避居凯里尼亚城堡,在顽强抵抗中期盼着欧洲大陆援军的支持,最后因为守将的背叛,绝望而逃。

这座城堡的神奇魅力在于其从不曾被攻破,只经历过被围困、饥饿难耐之下的被迫弃守,或者直接投降。① 威尼斯时期,为抵挡重火器的攻击,虽然内部基本维持十字军时期的建筑结构,但对外围堡垒和城墙做了大量的修复和加固,这也是现今城堡遗址呈现给大家的面貌。在奥斯曼帝国进攻之际,凯里尼亚守将不战而降,使其幸免于战火,成为保存最完好的威尼斯时期的堡垒。

圣希拉里翁城堡位于塞浦路斯北部凯里尼亚山区,壁垒高耸在山巅,俯瞰地中海和凯里尼亚平原,城墙蜿蜒地在峭壁游走。拜占庭时期,这里曾是抵御阿拉伯海盗攻击的北部防线堡垒之一。鲁西格南时期,城堡经过修葺完善,一度被用作王室的夏宫,染上了一股贪图享乐、纸醉金迷的气息。据说此处便是迪士尼动画《白雪公主和七个小矮人》中城堡的原型。威尼斯时期,统治者废弃了岛上一些无防御作用的城堡,但又担忧这些城堡会被暴民利用,于是摧毁了很多城堡的内部设施以及防御体系,圣希拉里翁城堡便是其中之一。②

继鲁西格南家族之后,威尼斯人登上了塞浦路斯的政治舞

---

① 柯林·施伯龙著,黄芳田译:《爱神的国度:深入塞浦路斯》,黄山书社 2012 年版,第 253 页。

② Von Löher, F. *Cyprus*: *Historical and Descriptive*. London: W. H. ALLEN & CO., 1878, p. 61.

台。莎士比亚著名悲剧《奥赛罗》设置的场景便是这段时期的塞浦路斯。从形式上看,威尼斯在塞浦路斯的统治始于1489年,终于1571年。实际上,从1473年卡特琳娜女王上位后,塞浦路斯就已在威尼斯的控制之下。威尼斯虽然延续法兰西或拉丁式统治,但仍为塞浦路斯带来了不少的改变。

在社会结构上,塞浦路斯基本维持了鲁西格南的统治结构和社会管理模式,维护贵族和神职人员的地位和资产,维护拉丁天主教的控制地位,但也包容东正教的存在。为与威尼斯共和国的政治结构相适应,塞浦路斯对岛内统治结构进行了调整。王室、王室议会被共和议会所取代,岛内事务由威尼斯选派的总督和两名顾问组成的总督府治理,总督府仍驻扎在尼科西亚。总督任期为2年,其下另有收税官和军事长官。威尼斯对塞浦路斯的殖民统治非常严格;包括周期性地委派特别巡视官(Sindici)上岛视察,听取塞浦路斯民众的诉求,惩治贪腐。①

虽然威尼斯未改变前朝的社会结构,但是出于商人的本能,威尼斯将前朝王室的土地进行拍卖,其中多数土地流向富裕的低阶贵族。这极大地伤害了鲁西格南治下养尊处优的男爵后裔们的利益,但是他们又无可奈何。虽然威尼斯将其列为盟友,保留其社会地位,但并未赋予男爵实际的权力。渐渐地,法兰西贵族开始离开塞浦路斯。② 而少量的塞浦路斯人开始进入贵族阶层,逐渐掌握更多的话语权。例如,尼科西亚子爵通常由拥有骑士资格的塞浦路斯贵族担任,承担首都尼科西亚的

---

① Arbel, B. *Cyprus under Venice*: *Continuity and Change*. D. Papanikola-Bakirtzis and M. Iacovou. Eds. *Byzantine Medieval Cyprus*. Nicosia: Bank of Cyprus Cultural Foundation, 1998, p. 161-174.

② Von Löher, F. *Cyprus*: *Historical and Descriptive*. London: W. H. ALLEN & CO., 1878, p. 62.

行政事务;尼科西亚大主教以及 4 个希腊主教辖区的事务也通常由地方的贵族担任。① 塞浦路斯人也通过与威尼斯贵族之间的通婚来彰显对威尼斯的忠诚。

虽然塞浦路斯上层阶级,特别是商人和贵族的地位,在威尼斯时期有所改善,但占据岛内人口 80% 以上的农民处境并未有过多改变。佃农和农奴仍大量存在,他们长期受土地领主的剥削,承受繁重的劳动与重税。

在经济方面,塞浦路斯是威尼斯与黎凡特地区的贸易中心与中转站。塞浦路斯丰富的林业资源为威尼斯建造舰船提供了良好的条件;塞浦路斯产品依赖威尼斯帝国庞大的销售网络,亦能轻松赢得市场。盐、麦以及糖类等农副产品是塞浦路斯与黎凡特地区海上贸易的重要交易物资。拉纳卡便是因为该时期盐田的发掘而逐步发展成形的。

1453 年君士坦丁堡陷落后,土耳其已占据大部分希腊与巴尔干半岛,塞浦路斯被推到东地中海与土耳其对峙的前线。对于威尼斯而言,加强塞浦路斯防御力量,保护地中海航线的安全至关重要。随着 14 世纪火器在战争中的使用,中世纪修筑的城堡已不足以抵御当时的火炮攻击,因此威尼斯花了大量精力修缮或改建岛上的城堡和防御设施,如加强法马古斯塔的防务,包括修缮海边的城堡与城墙,在侧翼修建圆塔,在入口修建堡垒等。

在威尼斯统治初期,通过向奥斯曼帝国缴纳岁贡(因为埃及被奥斯曼占领,所以向埃及缴纳的岁贡转移至奥斯曼帝国),塞浦路斯赢得了短暂的和平。到了 16 世纪,随着奥斯曼帝国

---

① Arbel, B. *Cyprus under Venice*: *Continuity and Change*. D. Papanikola-Bakirtzis and M. Iacovou. Eds. *Byzantine Medieval Cyprus*. Nicosia: Bank of Cyprus Cultural Foundation, 1998, p. 161-174.

的逐步西扩,尤其是在其夺得罗德岛和希俄斯岛后,塞浦路斯岛上的战争气氛愈加浓厚。奥斯曼对塞浦路斯的吞并仅仅只是时间问题。

1566年,为加强首都尼科西亚的防御,城市规模被缩减至1/3,四周筑有城墙、护城河和11座堡垒,并摧毁所有城墙外的建筑。① 为给城墙让路,大量房屋被推倒,甚至连埋葬有鲁西格南国王遗骨的多米尼加修道院也不能幸免。

1570年,奥斯曼帝国进攻的"靴子"终于落地,首战目标即是塞浦路斯首都尼科西亚。经过6周的惨烈围城战,尼科西亚沦陷,市民惨遭屠杀,财富被掠夺。当一切归于平静时,原先繁华的城池仅剩下一片废墟,徒留下高耸的主教堂圆顶俯瞰着惨烈的战争场景。随后,岛内城镇陆续投降于奥斯曼,奥斯曼军队几乎没遭遇什么阻碍即前进到港口重镇法马古斯塔。由于冬季来临,次年奥斯曼才对法马古斯塔发动围攻,战斗亦十分惨烈,结局悲壮(在下文中详述),最后法马古斯塔未能抵挡住奥斯曼的攻击。

尽管在威尼斯统治期间,赋税沉重,民众生活贫苦,但岛上人口仍实现了成倍增长。据说被奥斯曼帝国攻占前夕,岛上人口已达到19.5万,直到19世纪下半叶岛上人口总数才再次恢复至此峰值。② 而且与法兰西统治相比,威尼斯统治时期似乎遗留了更多的文化遗产。例如,岛上的很多教堂建筑遗留下了意大利文艺复兴时期的艺术特点。法语词汇几乎被塞浦路斯

---

① Von Löher, F. *Cyprus: Historical and Descriptive*. London: W. H. ALLEN & CO., 1878, p.39.

② Arbel, B. *Cyprus under Venice: Continuity and Change*. D. Papanikola-Bakirtzis and M. Iacovou. Eds. *Byzantine Medieval Cyprus*. Nicosia: Bank of Cyprus Cultural Foundation, 1998, p.161-174.

人所遗忘,但是塞浦路斯希腊语中融合了很多意大利语词汇。

从地中海局部形势的角度看,威尼斯统治覆灭的原因是奥斯曼帝国的崛起与西扩;但从世界历史的角度看,威尼斯的没落更多归因于世界贸易中心的转移。1488 年,葡萄牙探险家迪亚士发现了好望角,开辟了欧洲到亚洲的新航线。这条欧亚之间的新航线不仅节省了大宗货物的运输费用,还无须向叙利亚和埃及缴纳税款。世界贸易中心从地中海向大西洋转移,威尼斯失去了西方与东方贸易的垄断地位,同时在与土耳其的对抗中也失去了部分西欧领主的支持。塞浦路斯在其后的数百年间,也随着地中海贸易的沉寂而黯淡无光。

新移民的到来

中世纪的塞浦路斯岛历经风雨，由于处在地中海重要的战略位置，被欧洲、亚洲及北非的各方势力看作兵家必争之地，先后经历了东西罗马帝国的统治、阿拉伯民族的袭扰、"狮心王"理查的占领、圣殿骑士团的收购，随后又被法兰克人成功抢下，成立塞浦路斯王国，取得了一个相对独立的身份，而不再是一个殖民地或者是一些强大帝国的附属行省。直到1489年，塞浦路斯又被转让给当时强大的威尼斯共和国。

与此同时，地中海对岸一支由突厥人组成的游牧联盟在不断的迁徙中日渐强盛。1299年，奥斯曼一世自称埃米尔①，正式宣布独立，并以自己的名字命名国家，奠定了奥斯曼帝国的雏形。此后，奥斯曼国就像开了挂一样，在各种征伐中不断取得胜利，逐步蚕食了拜占庭帝国的多处领土，最终将其吞灭，定都于君士坦丁堡，将其改名为伊斯坦布尔，自诩为东西方世界的文明中心。当时的奥斯曼帝国确实有这样的实力和自信，尤其是在15世纪对巴尔干半岛、东地中海和欧洲大陆的扩张中取得了绝对的胜利之后，欧亚之间传统贸易的陆上路线和海上航线基本都被奥斯曼帝国所占领，迫使许多欧洲商船只能绕道非洲通往亚洲，开辟新航线，同时间接加速了欧洲各国海上舰

---

①　埃米尔，又译为艾米尔或阿米尔，是阿拉伯国家的贵族头衔，用于中东地区和北非的阿拉伯国家，突厥部落在历史上也曾使用过这个封号。

队的发展和海上商贸的进程,推动了欧洲大航海时代的发展。

1570 年,奥斯曼帝国入侵塞浦路斯,一年之后就彻底征服了这座小岛。尽管威尼斯共和国也曾为了争夺地中海的势力范围参与圣同盟军(Holy League)①,与奥斯曼帝国进行殊死抗争,并在随后的勒班陀战役(Battle of Lepanto)②中取得了胜利,但是在长期的较量与抗衡中,双方的实力和水平高下立判,最后以奥斯曼帝国侵占更多地中海上的岛屿而结束了这场旷日持久的较量。可是令谁都没想到的是,这段历史竟然对塞浦路斯日后的发展和走向产生了深远的影响,直到今天,这种影响的余波依然存在。

提到奥斯曼帝国对塞浦路斯的进攻,就无法绕过惨烈的法马古斯塔之战。1570 年 6 月,奥斯曼帝国登陆塞浦路斯岛,对镇守在这里的威尼斯军队展开了猛烈的攻击,威尼斯军队节节败退,岛内绝大多数城镇沦为奥斯曼大军的战利品。1570 年 6 月下旬,奥斯曼骑兵已经聚集在法马古斯塔城墙外,这里是威尼斯统治者在塞浦路斯的最后一道防线,没想到威尼斯军队竟然在城市堡垒和防御工事中死死坚守了数月。这为欧洲诸国组织并成立反奥斯曼帝国联盟争取到了一段非常宝贵的时间。直到 1571 年法马古斯塔即将城破时,威尼斯人才缴械投降,这标志着塞浦路斯被奥斯曼帝国彻底占领。

围攻法马古斯塔是塞浦路斯岛在被奥斯曼帝国入侵时期最著名且惨烈的战役。几千名威尼斯士兵在几个月的时间内

---

① 是罗马天主教教宗(庇护五世)主导的同盟,囊括了许多天主教国家的军队,计划打破奥斯曼帝国对东地中海的控制。

② 以西班牙帝国、威尼斯共和国为主力的圣同盟舰队与奥斯曼帝国海军在希腊爱奥尼亚海帕特拉斯湾展开的一场海战。圣同盟舰队在此次战役中取得了决定性胜利。

殊死抵抗 20 多万奥斯曼大军的枪炮火力。而奥斯曼海军为阻止威尼斯的援军,还对海路进行了封锁,相当于彻底切断了法马古斯塔的粮草和弹药补给,最终双方军队都在这场战争中付出了惨痛的代价。其实除了军队以外,在战争中最可怜的莫过于当地的无辜百姓,围困期间因为战乱、物资短缺、被迫充军等死伤的塞浦路斯人不计其数。

如果说残酷的战争已经足以让人心生畏惧,那么在所剩无几的威尼斯将领和士兵主动投降以后,奥斯曼人的所作所为则彻底激怒了欧洲的基督教国家,为之后地中海上激烈的海战埋下了伏笔。当时的战争法允许敌对双方在战争结束之前进行谈判,一旦达成协议就要严格遵守。威尼斯军队在投降前已经与奥斯曼军队达成了一系列停战及投降协议,其中就包括允许法马古斯塔中的所有外国人安全撤离,并自行决定是否留在塞浦路斯或回到自己的国家。奥斯曼军队的首领还信誓旦旦地承诺,一旦威尼斯人投降,他们就不会追究任何责任,可是当威尼斯军队统帅马尔坎通尼奥·布拉加丁(Marcantonio Bragadin)宣布投降后,奥斯曼军队首领却以威尼斯人谋杀了奥斯曼囚犯、隐藏了大批武器为由,囚禁并杀害了城中的威尼斯人和非穆斯林,布拉加丁也惨遭一系列虐待。很快这一消息就传到了威尼斯,布拉加丁被视为英勇牺牲的烈士,他率领威尼斯军队坚持顽强抵抗强大的奥斯曼军队的事迹也广为流传。他的牺牲激起了威尼斯士兵的斗志,而同胞教徒被迫害的现实也引起了欧洲基督教国家的一致谴责。在著名的地中海勒班陀战役中,强大的奥斯曼海军最终败北,不敌欧洲诸国组成的圣同盟舰队,这也是当时奥斯曼帝国为数不多的溃败之战。在圣同盟舰队迎战奥斯曼海军时,威尼斯战士的战斗热情最高,表现也最勇敢。

奥斯曼帝国日渐强大的实力以及不断扩张的步伐本就给欧洲各国带去了紧迫感和危机感，而且伊斯兰教随着他们的扩张也在不断扩大传播范围，这对欧洲国家来说是对他们的宗教权威性的挑战。奥斯曼帝国入侵威尼斯统治下的塞浦路斯，为即将到来的欧洲国家与奥斯曼军队的大战埋下了伏笔，而围攻法马古斯塔之时奥斯曼人"不讲武德"的做法更是激化了双方的矛盾，成为勒班陀战役的直接导火索。包括威尼斯共和国、西班牙帝国、热那亚共和国、托斯卡纳大公国等在内的许多欧洲国家早在奥斯曼帝国袭击塞浦路斯时就提出要联合同盟，共同抗敌。他们空前团结，迅速组织海上联军发起反抗，起名为圣同盟军。

这支联合舰队主要由西班牙出资，由威尼斯提供舰船，西班牙国王腓力二世（Philip Ⅱ）任命其同父异母的弟弟唐·胡安（Don Juan de Austria）为总指挥官，于 1571 年 8 月在当时的西西里岛附近集结。9 月初圣同盟舰队全部集合，物资、人员准备完毕，向南出发开始横越亚得里亚海①，一路主动寻找敌舰。尽管一路上圣同盟舰队内部的西班牙人和威尼斯人之间也曾发生严重冲突，但是当他们得知布拉加丁以及他们的同胞在法马古斯塔的遭遇后，都异常愤慨，一致团结并迫切地想要与奥斯曼军队开战。

与此同时，奥斯曼大军在成功占领塞浦路斯之后，继续一路向前，又成功袭击了当时威尼斯管辖的另一处重要财产克里特岛②，并且占领了亚得里亚海沿岸的多处威尼斯领地，于 1571 年 9 月底到达勒班陀港进行休整。没想到，几天之后的

---

①　属于地中海的一部分水域，分隔了意大利半岛和巴尔干半岛，周围有意大利、斯洛文尼亚、克罗地亚、阿尔巴尼亚等许多国家。

②　位于地中海东部，是希腊第一大岛、地中海第五大岛。

10月初,圣同盟舰队也到了这里,两军在此相遇,大战一触即发。奥斯曼军队所向披靡的赫赫战绩使他们面对战争异常自信,于是派出战船主动出击,而圣同盟军积压已久的愤怒使得舰船上的一众将士在看到敌方舰队气势汹汹的出击之后也纷纷要求主动迎战,两军对垒,战船很快就按队形排开。

奥斯曼舰船左翼部队率先出击,加速向圣同盟舰队左翼驶去,却被无情的炮火击沉数艘战舰,破坏了战线。随后圣同盟舰队试图调整队形,紧靠海岸以防被包抄,但奥斯曼战舰凭借对这一带水域的熟悉,还是迂回地找到了缺口,并展开了对圣同盟舰队的围攻,此时奥斯曼舰队占尽优势。在双方的混战中,圣同盟舰队的士兵拼命苦战,抵挡住了一波又一波猛烈的攻击。战局优势逐渐扭转,圣同盟舰队从被包抄到一路厮杀拼命打破重围,开始慢慢将奥斯曼舰队一个侧翼部队围困在靠近海岸的浅水区。奥斯曼士兵陷入混乱,争相弃船登岸,损失惨重。两军的中路舰队也发生了激战。奥斯曼战船一度在炮火中最大限度地靠近了圣同盟军的战船,大量奥斯曼士兵登船作战。圣同盟军此次有备而来,预备部队和支援部队及时出现,稳定了他们的舰队战线。大量重获自由的同盟军奴隶也一同加入战争,勇敢地协助圣同盟士兵作战。圣同盟舰队逐渐取得了优势,最后不仅击退了奥斯曼士兵,而且发起了反攻,夺取了奥斯曼军队的中路战船并升上了圣同盟军的旗帜,周围的奥斯曼士兵死的死伤的伤,还有很多人弃船跳海。与左翼和中路的完胜形成鲜明反差的是圣同盟舰队的右翼部队,他们几乎全军覆没,损失惨重。不过最终这场战役还是以圣同盟舰队的胜利和奥斯曼舰队的落荒而逃告终。

这场战争从黎明一直持续到次日凌晨,双方的士兵尸体漂满了海面。这次海战重挫了奥斯曼军队的士气,也阻止了奥斯曼帝国对地中海地区的进一步扩张,最终形成了奥斯曼帝国掌控地中海以东区域、欧洲同盟国控制地中海以西区域的格局。在经历了失败之后,奥斯曼帝国迅速重组新的舰队,1572 年再一次与圣同盟舰队交火,但实际战斗能力仍然不足。而圣同盟军虽然在战斗中占尽优势,却也面临着同盟各国巨大的军费开支和难以弥合的内部分歧等诸多问题。1573 年,威尼斯共和国因为担心更多领土被掠夺,也希望减小损失并能恢复与奥斯曼的贸易最终决定退出同盟,与奥斯曼人单独言和。双方签订了屈辱的不平等条约,其中就提到威尼斯必须承认奥斯曼对塞浦路斯的统治并赔款 30 万达克特。

　　勒班陀战役在欧洲历史中具有重要意义,标志着更具先进技术的舰船时代的到来,战争的胜利也大大鼓舞了欧洲国家,在全欧引起了热烈的反响,罗马和威尼斯举行了盛大的庆祝活动。这场战役还激发了许多作家、艺术家的创作灵感,当时涌现出一大批相关的油画、诗作、小说等文艺作品。西班牙著名作家塞万提斯(Cervantes)也作为一名士兵参加了战斗而且左臂还因此残废。在《堂吉诃德》下部的前言中,他称这场战役为"……从古到今最伟大的战役……惊天动地的战役"[1]。

　　正如前面提到的,塞浦路斯因为地理位置具有重要的战略意义,而且岛上有丰富的自然资源,一直都是地中海及周围地区各势力之间争夺的焦点。周边强大的王朝都想通过征服塞浦路斯岛来进一步巩固和发展自己的霸权地位。当时日渐强大的奥斯曼帝国当然也明白其中的诀窍,但让他们出兵塞浦路斯岛的另一个重要原因其实是应塞浦路斯原住民的诉求。由

---

　　[1]　塞万提斯著,杨绛译:《堂吉诃德》,人民文学出版社 2015 年版,前言第 1 页。

于长期受到威尼斯人的剥削和压迫,塞浦路斯原住民急切地渴望推翻压在他们身上的"这座大山",他们甚至还曾秘密派出一些地方首领游说奥斯曼人来征服塞浦路斯岛,帮他们赶走威尼斯人。因此,当奥斯曼大军在1571年成功占领塞浦路斯之后,当时的原住民认为他们终于可以从威尼斯人的奴役下解放,终于可以发展自己的民族和信仰了。

成功抢占塞浦路斯岛后,奥斯曼帮助塞浦路斯人重建了东正教堂,同时恢复了希腊语社区的政治地位,赋予塞浦路斯东正教会一定的政治权力,这些在威尼斯统治时期都是不可能发生的。1572年,奥斯曼帝国颁布的法令中将塞浦路斯认定为一个省,纳入了其行政管辖范围,同时还规定了教会里的牧师可以作为该地区的行政长官参与处理政府公务。正因如此,当地教会成为唯一被奥斯曼官方承认的行政机构,社会地位稳步提升,经济实力也日益增强。虽然东正教会具有合法的行政权,但必须是在奥斯曼伊斯兰教的法律和规定的指导之下行使的,也就是说岛上的各种事务其实是由奥斯曼人和当地教会共同管理的,当然来自奥斯曼的领导享有更大的权力和更高的地位。

奥斯曼帝国在塞浦路斯统治了300多年(1571—1878),在此期间,其吸取威尼斯统治尽失民心的教训,以建设塞浦路斯和平、安全、繁荣而稳定的社会为目标,废除了许多老旧的封建礼法,恢复了岛上东正教的地位,俨然将这里视作帝国重要的领土之一。为了进一步巩固管理,同化当地社会,其还实行了多次大规模移民,在塞浦路斯岛的奥斯曼移民较原塞浦路斯人具有更高的社会地位。

在确立首府为尼科西亚之后,奥斯曼人就选出了负责管理塞浦路斯岛的第一位帕夏(Pasha)①——塞尔达·穆扎弗(Serdar Muzaffer)和第一位卡迪(Qadi)②——埃克梅尔·埃芬迪(Ekmel Efendi)。他们奉命进行了岛内人口普查,发现岛上15万男性当中只有1.8万纳税人,而土耳其裔的士兵也只有3万人。于是以保卫地中海安全和实现塞浦路斯省的繁荣发展为由鼓励安纳托利亚的居民主动到这个新成立的省定居,并承诺了一系列优惠条件,如在此定居2年的新移民可以免税等。

与此同时,奥斯曼政府为了表示对新殖民政府的支持,发布了带有一定强制性的行政命令,要求本国各城镇必须指派每个行业(裁缝、制鞋匠、厨师、蜡烛匠、钢笔匠、石匠、珠宝商等)中1/10的家庭移民到塞浦路斯,而且规定叛逃者将被绞杀。实际上,在大批移民中只有1/3的人出于自愿,大部分移民都是被迫离开自己的家园,被"流放"至此的,还有一些人甚至不顾被绞杀的风险试图逃跑。到17世纪末,大约3万多奥斯曼移民已定居在塞浦路斯,这种用移民来殖民的方式一直被沿用到18世纪中叶。③ 1777年人口普查显示塞浦路斯共有8.4万人,其中奥斯曼人就有4.7万,占了全岛总人口的一半还多。

随着大批奥斯曼移民来到塞浦路斯定居,岛内也出现了大量的穆斯林社区,伊斯兰文化开始生根发芽,伊斯兰教法中地位最高的卡迪的作用逐渐凸显。在塞浦路斯的卡迪除了具有传统伊斯兰文化中的宗教职能以外,还具有司法职能、行政职

---

① 帕夏是奥斯曼帝国行政系统里的高级官员,通常是指总督、将军或高官。帕夏是敬语,是殖民时期殖民地地位最高的官衔。

② 卡迪是伊斯兰教法中法院的裁判官或法官,还行使一些法外职能,如庭外调解、对孤儿或未成年人的监护、对公共工程的监督和审计等。

③ Volkan, V. D. *Cyprus: War and Adaptation—A Psychoanalytic History of Two Ethnic Groups in Conflict.* Charlottesville: The University Press of Virginia, 1979, p. 51.

能以及财务职能。根据当时的伊斯兰法,卡迪能够代表国家监督管理伊斯兰基金会,依靠租赁国有土地获得收益。极高的权力自然容易滋生腐败,许多农民为了获得更多土地开始贿赂一些管理者,而管理者又迫使农民上交收入以换取免服兵役的机会,从而导致了部分地区的农民与管理者之间时常爆发流血冲突。后来因为扩张需求,许多居民被强制征兵,岛上人口骤降,农业和商业活动也处于低迷状态,政府收入无法维持正常运转,卡迪的行政权被奥斯曼海军总司令收回,塞浦路斯也从一级行省降为附属于群岛省(Cezayir-i Bahr-i Sefid)①的二级地区。

奥斯曼帝国统治时期,塞浦路斯施行的法律是伊斯兰教法、普通法和传统伊斯兰法。普通法是国家级的法律法规,传统伊斯兰法是地方性法规且具有一定的地区差异性。在法庭上,卡迪的角色相当于大法官,具有绝对的裁判权;而在法庭外,穆夫蒂斯(Muftis)②也扮演着重要的角色。

岛上的税收制度与奥斯曼帝国的其他地区没有什么区别,穆斯林居民和非穆斯林居民(基督教徒、东正教徒、天主教徒等)按同等的要求交纳赋税。穆斯林神学家和学者可以免税,还有一些不从事任何农业或商业活动的神职人员也可以免税。当地税收的主要来源有海关消费税、盐税、羊税、什一税③等。奥斯曼帝国将人分为三等,赋税按照等级征收。第一等是精英阶层,被称为阿谢里(Askeri),包括军队官员、法院官员、神职

---

①　群岛省是奥斯曼帝国的一级省。从成立到 19 世纪中叶,它一直处于奥斯曼海军总司令卡普丹帕夏(Kapudan Pasha)的个人控制之下。

②　穆斯林法律专家,有权就伊斯兰法(伊斯兰教法)发表非约束性意见,并对宗教事务做出裁决。

③　向居民和信徒征收的宗教捐款。

人员。只要是在奥斯曼帝国具有高级管理行政职能的人都可以被称作阿谢里，无论这个人是否是穆斯林。这一类人属于几乎免税的阶级。第二等是奥斯曼帝国的绝大多数普通民众，他们被称为雷亚（Rayah），无论是穆斯林、犹太人还是基督徒都可能是雷亚，他们是税收的主要对象。第三等是最下等的奴隶阶层，被称为库尔（Kul），奴隶主可以对他们进行买卖，进口奴隶或者交易奴隶都需要向政府支付奴隶税，奴隶的年龄、肤色等决定了交易的价格和税收比例。在奥斯曼的商人眼中，奴隶就像商品一样，可以被租借、典当、交换或赠予。

教育是同化殖民社会重要的手段之一。奥斯曼政府为塞浦路斯的穆斯林学校提供了许多财政支持，并在塞浦路斯岛建立了8所穆斯林神学院和9座图书馆。后来，还建立了几十所土耳其语学校，并建立了更多的希腊语学校。在当地行政长官的支持下，一些基督教学校也相继成立。可是即便如此，岛上大多数农民也几乎没有受过教育，许多山区村庄里的村民也几乎不会读写，女性的教育更被完全忽视。还有一些穆斯林学校就建在清真寺内，而学生唯一学习的内容就是《古兰经》。

在宗教方面，奥斯曼的管理者允许塞浦路斯希族人自由进行东正教的礼拜和仪式，而且一切教务由东正教宗教办公室全权负责，但是办公室的首席主教需由东正教提议、奥斯曼国王批准同意后才能任命。希族首席主教的地位仅次于奥斯曼帝国任命的总督，相当于该地区的二把手。因此，主教不仅是希腊语社区的宗教领袖，还被看作奥斯曼帝国统治范围内的政治代表。后来，教会还被允许免税，并可以通过出租教会的大片土地获益。这样一系列的措施使得塞浦路斯岛上的东正教会在奥斯曼帝国的统治下变得越来越富裕。

物极必反，盛极必衰。自17世纪以来，工业革命就开始席卷欧洲，但奥斯曼帝国却沉浸在自己强大而繁盛的假象中，工业发展止步不前，经济来源仍然主要依赖农业。另外，在奥斯曼帝国辽阔的统治范围中，一直未能实现对殖民地的完全同化，这也为各殖民地揭竿起义埋下了伏笔。都说攻城容易守城难，对于游牧联盟出身的奥斯曼帝国而言，开拓疆土四处征伐不是难事，但是攻占了领地后的管理和统治，考验的是国家决策和领导能力。在奥斯曼帝国疆域内，各种族在语言、经济、信仰、文化等方面都有所不同，虽然有被要求穆斯林化，但始终都保持着自己的特性，这就使得许多非土耳其族裔对奥斯曼政府的统一管理缺乏向心力和凝聚力，殖民地的瓦解是早晚的事。

19世纪初，欧洲各国迅速崛起，希腊新兴资产阶级对塞浦路斯东正教会日益增加的财政支持，以及1821年由于希腊民族主义的兴起，奥斯曼帝国管辖的巴尔干地区爆发的希腊独立战争①，都对塞浦路斯希族人产生了重要的影响。

受到法国大革命的影响，18—19世纪欧洲各国的革命民族主义盛行，其中希腊民族主义意识觉醒后，加入了反抗奥斯曼帝国霸权统治的队伍。与此同时，塞浦路斯希族人也受到了鼓舞，起义反抗。奥斯曼帝国日渐衰落，面对各殖民地相继出现的反抗和起义，四处派兵镇压，但是始终"力不从心"，"强大"的奥斯曼帝国颓势明显。由于俄罗斯等国家对奥斯曼帝国不断施压，其最终承认了塞浦路斯东正教徒有自愿加入希腊国籍的权利。其实，早在17世纪末期，奥斯曼的许多殖民地就几乎形同虚设，已经处于无政府管理的状态，奥斯曼政府的威慑力和领导权已大不如前。

---

① 希腊独立战争又称为希腊革命或希腊起义，是由希腊革命者于1821年至1832年间发起的反抗奥斯曼帝国的独立战争。后来得到了俄罗斯帝国、英国、法国和其他几个欧洲国家的援助。

　　1832 年,埃及入侵塞浦路斯岛,并宣布将塞浦路斯纳入埃及的管辖。令人意外的是,奥斯曼政府竟然不反对,也没有出兵抵抗,而是欣然接受了这个重要的地中海殖民地被强占的现实。这种不战而降的态度进一步显示了奥斯曼政府的无能,彻底暴露出那个曾经强大到不可一世的帝国如今衰败的本质。历史总是惊人的相似,就像当年威尼斯人被赶走并被迫屈辱地签下不平等条约一样,1877—1878 年,奥斯曼帝国在与俄罗斯的战争中失去了大片殖民地,塞尔维亚、罗马尼亚、黑山、保加利亚相继宣布独立,而塞浦路斯则被用来当作筹码以换取英国在柏林会议上对奥斯曼政府的支持。事实上,奥斯曼帝国也确实曾经获得了英国的支持,但并不完全是出于塞浦路斯的诱惑,而是因为彼时的俄罗斯太具威胁性。俄罗斯在攻入巴尔干半岛后,就建立了斯拉夫民族①统治。因此,英国和奥斯曼帝国走向了反对俄罗斯扩张的同盟。

　　然而天下大势向来都是合久必分,分久必合。没有永远的敌人,也没有永远的朋友。英国政府在得知奥斯曼政府与俄罗斯政府签订了《圣斯特凡诺条约》之后,与俄罗斯政府进行了秘密谈判,修改了一些条款,使其更符合英俄两国的利益。密谈非常成功,其中就涉及奥斯曼帝国在欧洲和亚洲的领土分割等一系列问题,最终两国建立了防御联盟。彼时,塞浦路斯的实际控制权已经在英国人手中,但为了更好地统一战线,获得更

---

　　①　斯拉夫民族主要分布于东欧和中欧,语言属于斯拉夫语族。斯拉夫人发源于今波兰东南部维斯杜拉河上游一带,于 1 世纪时开始向外迁徙,6 世纪前后,斯拉夫人出现在东欧平原上,那时的他们介于游牧民族与农耕民族之间,有时还靠劫掠为生。6 世纪的扩张使得他们的居住地已经遍布欧洲中东部。随着俄罗斯疆域的扩张,斯拉夫人也向西伯利亚及中亚地区迁徙。

多的奥斯曼领土,同时争取更多欧洲国家的联盟和支持,英国人暗中制造了塞浦路斯希族人和土族人之间的矛盾,最终以监督管理者的身份,顺理成章接管了塞浦路斯。

自此,强大的奥斯曼帝国彻底退出了塞浦路斯的历史舞台,但它曾留下的移民和穆斯林文化已经融入了这座小岛,成为塞浦路斯的一部分,而岛上希族人和土族人之间不可调和的矛盾,也成了日后塞浦路斯统一亟待解决的最根本问题。

"分而治之"的惯用伎俩

"……如果俄罗斯在任何将来的时刻对苏丹陛下在亚洲的领土进行进一步占有的尝试,根据签署的和平条约,英国将与苏丹陛下一同通过武力抵御其侵扰。

"作为回报,苏丹陛下向英国承诺引入必要的变革……为使得英国能为履行其承诺而做出必要的准备,苏丹陛下进一步同意将塞浦路斯岛交由英国占领并管理。"

——1878 年 6 月 4 日,英国与土耳其签署的《大英帝国与土耳其防御同盟公约》条款①

塞浦路斯号称"地中海不沉的航母",但这艘航母的控制权却不全然在塞浦路斯人的手中,而是随着大国的博弈、周边帝国的起落浮沉辗转于他人之手。19 世纪中后期,昔日奥斯曼帝国的强大光环随着时间的流逝逐渐黯淡,俄罗斯帝国野心勃勃地向西南方向扩张,填补由奥斯曼帝国衰败造成的权力真空地带,剑指地中海温暖的入海口——君士坦丁堡和达达尼尔海峡。俄罗斯的不断扩张使得奥斯曼疲于应付,对塞浦路斯的控制力日渐减弱。特别是 1877 年,奥斯曼帝国惨败于俄罗斯之手,不得不向英法德等欧洲列强寻求合作,塞浦路斯成了谈判

---

①　Baker, S. W. *Cyprus, as I Saw it in* 1879. Salt Lake:Project Gutenberg Literary Archive Foundation,2003:Introduction.

的筹码之一。

1878年柏林会议期间,英国与奥斯曼帝国秘密签署《大英帝国与土耳其防御同盟公约》,奥斯曼土耳其将塞浦路斯租借给英国。作为回报,英国将在俄土争端中支持土耳其,并且需要向土耳其支付一定的租借费用。英国在塞浦路斯80余年的殖民统治由此开始。英国凭借着塞浦路斯岛的军事战略地位,弥补了英国与印度海运路径中缺失的一环,增强其对苏伊士运河的防御能力,扩大在东地中海的影响力,抵御俄罗斯的军事扩张。①

与300多年前奥斯曼帝国的血腥占领相比,英国对塞浦路斯管辖权的接收显得格外和平。1878年7月22日,当英国统帅沃尔西登岛时,当时的基体翁主教发表了热情的欢迎词,表达了希望英国能促进塞浦路斯与希腊合并进程的期盼。为了摆脱土耳其的统治,塞浦路斯人最初对英国的殖民统治抱有很大的期望,希望强大的英国能为塞浦路斯带来政治、经济层面的变革,提升人民生活水平,更重要的是能帮助他们实现与希腊合并的愿望。毕竟英国之前将爱奥尼亚群岛割让给希腊,这一先例给予了塞浦路斯希族人莫大的希望。

历史车轮证实,塞浦路斯希族人的期盼最终沦为水中月、镜中花。1914年,奥斯曼帝国加入第一次世界大战,站在英国的对立面,英国趁机吞并塞浦路斯。后来,同盟国战败,奥斯曼帝国解体。1923年签订的《洛桑条约》中,土耳其放弃对塞浦路斯的一切权利,英国正式兼并塞浦路斯。1925年,塞浦路斯成为英国的直辖殖民地。虽然英国对塞浦路斯的管辖权逐渐扩

---

① Mallinson, W. *Cyprus: A Historical Overview*. Nicosia: Press and Information Office, 2011, p. 21.

大,但英国政府并没有促成意诺西斯的打算,反而采用分而治之的殖民手法使得岛内局势更加复杂纷乱。

英国延续奥斯曼帝国时期的种族与宗教人口划分方式,由英国官员、东正教与穆斯林三方代表组成立法委员会,以英国官员和穆斯林代表来平衡与制约东正教代表的权益,当然最后决定性的一票仍归属于英国高级专员。这样的决策制度确实给予塞浦路斯更大的自治权,但有时很容易惹恼希族人,毕竟他们的诉求会因岛内 18% 的少数人口和英方代表被驳回。

英国接管塞浦路斯岛的军事目的远大于其经济目的。最初英国打算将塞浦路斯打造成驻军基地,但岛内缺乏住宿条件,并且因为气候炎热,疟疾肆虐,最后只能放弃大批驻军的打算。英国国内对接管塞浦路斯也存有争议。部分人认为,塞浦路斯可作为与希腊结盟的筹码,反对者则质疑塞浦路斯并没有适合海军停泊的大型港口。这些疑虑都阻挠着英国对塞浦路斯建设进行投资。

虽然英国对奥斯曼帝国旧有的税收制度进行了改革,如进行人口和土地普查,以此作为征税基础,废除农业税,但塞浦路斯人渐渐发现,奥斯曼时期的高赋税境况并没有改善多少,因为他们成了奥斯曼帝国债务的实际偿还者。[①] 英国在塞浦路斯收取赋税,这笔钱名义上用于支付奥斯曼帝国的租金(92799 英镑/年),实际上被用来偿还奥斯曼帝国 1855 年对英国的债务。因此,这笔岁贡最后还是落入了英国国库。而且更为可笑的是,虽然 1923 年新生的土耳其共和国成立,奥斯曼帝国已经瓦解,债务解除,但塞浦路斯一直缴纳这笔岁贡到 1927 年。[②] 背

---

① 何志龙:《塞浦路斯》,社会科学文献出版社 2011 年版,第 52 页。

② Argriou, S. "The imperialistic foundations of British Colonial Rule in Cyprus". *The Cyprus Review*, 2018, 30(1), p. 299.

负的沉重债务使得本就捉襟见肘的塞浦路斯民众生活更为窘迫。

当时的塞浦路斯经济非常落后,主要以农业为主。75％的人口从事农业生产,但由于生产工具落后,仍以农耕时代的工具为主要耕种手段,机械化水平低,生产效率低下。因此,虽然从事农业生产的人口众多,其产出却无法满足岛内民众自给自足的需要,需要依赖进口。但由于英国施行的关税制度,进口的谷物价格昂贵,面包等食品价格疯涨,岛内民众生活贫困不堪。

此外,殖民者通过高额贷款利率榨取农民的收益。当时在塞浦路斯运营的银行多有英国背景,通过长期贷款将劳作工具以及化肥等生产物资借贷给农民,然后从中收取高额的利息以获利。虽然英国政府不鼓励高利贷,但也并没有采取有效措施遏制其发展,相当于默许了这种畸形的农业发展方式。根据岛内法律,殖民初期12％的贷款利率都在合理范围内,直到1940年,方调整至6％以内。

更糟糕的是,"二战"后,塞浦路斯被推至冷战交锋的前端,大量肥沃的土地被征用为军事基地,用以修建军火库及飞机场等设施。截至1955年,殖民政府共占据352平方千米的土地。① 在土地面积不断缩减的同时,岛内人口数量却在不断增加,这进一步恶化了岛内民众的生存环境。

除农业外,岛内也存在少量的本土工业,但英国殖民者并未采取有效措施促进或保护本土工业的发展,相反兴建外资工厂、维护外商投资利益是殖民政府坚持的施政方向。19世纪末

---

① Argriou,S. "The imperialistic foundations of British Colonial Rule in Cyprus". *The Cyprus Review*,2018,30(1),p. 303.

期,英国抛弃了自由贸易的政策,通过加征关税的方式来发展本国工业,使自己成为所在殖民地最大的投资商、银行家和贸易商。英国通过增强与殖民地的经济联系,为本国的产品寻找独家的销售市场。于是,在高额的原材料进口税与低额的成品进口税等关税制度的挤压下,塞浦路斯本土工业发展极为缓慢,甚至很多加工企业在面对低廉的英国商品涌入时,无力抵挡,纷纷破产倒闭。例如,果酱厂因为蔗糖高额的进口税而不得不关门,火柴厂的产品无法与低廉的进口火柴竞争导致工厂倒闭。

纵观塞浦路斯的历史,岛上盛产木材与铜矿,农林业与矿产资源丰富,这些物资都是周边国家发展所需要的,更是战争时期的热销品,为何岛内民众生活会贫困至此? 这便不得不提英国霸道的帝国主义殖民统治。

在英国统治期间,塞浦路斯主要的出口产品为矿产品。20世纪初期,在战争利益的驱动下,各国对矿产资源的需求日益高涨,迫使政府加大采矿业的投资,但利益都收归国有。并且,由于出口利率低下,英国统治者限定出口对象和出口价格,控制塞浦路斯矿业发展,塞浦路斯只能从中获取极少的利润,无法产生公共资产效应。而且矿产资源的大量出口也导致本土工业发展缺少原材料,进一步制约了本土的工业化发展。

英国政府直到"二战"后才腾出手来发展塞浦路斯经济。1946年,殖民大臣阿瑟·克里奇-琼斯发布塞浦路斯10年发展计划,宣称未来10年将为塞浦路斯筹集1200万英镑以发展经济,其中600万英镑来自英国政府。但实际数据显示塞浦路斯只收到175万英镑的经费。

总而言之,英国统治期间通过投资、贸易等方式夺走了塞浦路斯大部分的财富,只有少量的财富用于塞浦路斯本国建设。例如,英国在岛内修建公路、大坝、桥梁、铁路和医院等基础设施。

但必须认识到,其中很大的驱动因素仍是英国的利益。以铁路建设为例,作为老牌工业强国,铁路建设是英国工业化的象征。为了将开采的矿产资源运送到法马古斯塔港口,英国在岛上修建了尼科西亚到法马古斯塔的铁路。再如法马古斯塔港口。港口修建于 13 世纪,在殖民统治初期并没有得到修缮,原因在于殖民当局认为没有必要,即便扩建港口,也无法带来很好的经济效益。但在殖民后期,由于对塞浦路斯定位的转变,1957 年英国当局开始扩建港口,增加其吞吐量。

那到底是什么原因使得英国当局转变对塞浦路斯的定位呢?这就不得不从世界局势的变化说起。在 1950 年之前,英国对塞浦路斯的态度一直在"防御的关键所在和重要的战略堡垒"与"令人头疼的麻烦"之间摇摆不定。因为"一战""二战"期间,塞浦路斯基本处于战场外围地带。但到了冷战时期,塞浦路斯的地理位置重要性便日益突显,成为大国博弈的前沿阵地。

冷战期间,塞浦路斯位于北约南部侧翼,距离中东石油产区和苏伊士运河非常近,同时地中海沿岸罗马尼亚及苏联巴库地区的油田产区亦在其轰炸机的航程范围之内。因此,英国当局决定将塞浦路斯作为其在东地中海的空军基地。1949 年,美国政府亦在尼科西亚附近建立了通信站。

但是当英国意识到塞浦路斯战略地位的重要性,从"一战"和"二战"风云中抽身着手建设塞浦路斯时,塞浦路斯社会已不复从前的平静与温顺,民族主义伴随着政党的形成和城乡政治运动的兴起而席卷全岛,意诺西斯(enosis,即争取塞浦路斯与希腊合并)与分裂主义的对立使得两族民众分歧日益增大,暴力冲突不断。希腊、土耳其参与到塞浦路斯问题之中，使得塞浦路斯问题更为棘手，英国不得不权衡各方利益，促成《苏黎世—伦敦协议》的签订，保障自己在岛内最核心的军事战略利益。

1830年，当希腊摆脱奥斯曼帝国统治实现独立时，周边以希腊人为主的各个岛屿普遍存在与希腊合并的想法，其中也包括塞浦路斯。[①] 自英国登岛后，希族人便不断以各种形式向英国政府表达这一诉求，但一直未能得到肯定回复。在1914年英国吞并塞浦路斯之前，英国政府拒绝的理由甚为巧妙：英国只是代替奥斯曼帝国占领和管理塞浦路斯，塞浦路斯仍然是奥斯曼帝国的一部分，英国只能遵守与奥斯曼帝国的协议。奥斯曼帝国成为英国拒绝意诺西斯的挡箭牌。

意诺西斯的第一丝希望出现在1914年，当奥斯曼帝国宣布与德国结盟并加入"一战"战场之时。英国吞并塞浦路斯，废除与奥斯曼帝国的协议，同时为了让希腊加入协约国，向其抛出橄榄枝，只要后者加入协约国阵营，英国就将塞浦路斯赠予希腊。但可惜，希腊当时在评估形势后没有立即做出回应。3年后，当希腊决定加入协约国作战时，英国已收回了该项提议。

1923年签订的《洛桑条约》中，土耳其共和国正式将塞浦路斯割让给英国，放弃对塞浦路斯的一切权利，英国正式兼并塞浦路斯，标志着英国占领的合法化，也从国际法上终止了土耳其对塞浦路斯的宗主权关系。1925年，英国宣布塞浦路斯为直辖殖民地，改由总督来管辖塞浦路斯。至此，希族人意识到，从前的奥斯曼帝国只是英国的挡箭牌，英国真正的目的是长期占有塞浦路斯。英国同意意诺西斯的希望渺茫，希族人与英国统

---

① 何志龙：《塞浦路斯》，社会科学文献出版社2011年版，第52页。

治者之间的关系开始紧张。

相较于克里特而言,塞浦路斯无疑是命途多舛的。同为地中海岛国,克里特在1897年加入协约国,巴尔干战争后便归入希腊。爱奥尼亚群岛以及克里特岛的成功案例不断刺激着希族人,同处地中海的塞浦路斯与希腊合并的诉求日益高涨。特别是克里特岛的合并案例,岛内的穆斯林群体通过国际协议迁回土耳其,此项先例令希族人备受鼓舞,希族人的期望值越来越高。但是《洛桑条约》同时限制了希腊的进一步扩大,新成立的希腊韦尼泽洛斯政府对英、土的友好合作态度,使得意诺西斯运动转为地下。可以说,直到此时,希族人表达诉求的方式仍非常和平与克制,都是通过提案、请愿以及辞职抗议等和平手段进行。

彼时的大英帝国仍处于巅峰时期,国力强大,对殖民地的统治大多带有居高临下的优越感,即便与岛内精英阶层对话也显得十分傲慢,认为他们的殖民统治是为了启蒙未开化的民族,改善殖民地的社会和经济环境。因此,当时的英国总督罗纳德·斯托尔斯对希族人在强大的英国殖民统治下不安分,反而期望与贫穷落后的希腊合并感到怒不可遏。他觉得都是塞浦路斯的教育和过于民主的体制惹的祸。① 于是,他对岛内的教育体制进行了大刀阔斧的改革,限制塞浦路斯人的民主自由,禁止教师向学生讲述希腊及土耳其历史。

但当和平手段无法满足诉求,民族自由受到限制时,希族人开始逐步转向激烈和暴力的表达方式。加上20世纪20年代末的世界经济危机波及塞浦路斯,塞浦路斯的矿产出口量锐减,导致数千劳工被解雇,失业人口激增,政府收入缩减,经济

---

① 何志龙:《塞浦路斯》,社会科学文献出版社2011年版,第58页。

形势恶化。在人民生活如此窘迫之时,总督斯托尔斯却在 1931 年无视塞浦路斯代表的反对意见,强行推行增税法案,于是希族人游行示威。最后,游行队伍与警察爆发冲突,火烧总督大楼。

起义很快被镇压,随之而来的是更严格、残酷的殖民控制措施。总督开始在塞浦路斯实行独裁统治,实行严格的新闻审查制度,立法委员会被解散,宪法被废除。1935 年起,所有的教师由政府教师培训部聘用,归为政府公务员,受政府管理。希族学校不得从希腊引进教科书,希腊历史再不是其本国历史,而是外国历史。学校禁止张贴希腊旗帜与宣传希腊英雄等。渐渐地,教师需要通过英语测试方能得到政府聘用或雇用。但游行使希族人开始觉醒,意识到只有进行斗争,才能实现其政治诉求,一味依赖帝国主义的宽容与民主是行不通的。

意诺西斯的第二丝希望出现于"二战"期间。为了争取希腊加入同盟,1941 年,英国再次以割让塞浦路斯为筹码,邀请希腊对保加利亚宣战,但是此提议再次被希腊拒绝。当意大利进攻希腊时,英国当局号召希族人"为自由和希腊而战",3000 多名希族青壮年积极响应,加入盟军军队作战,不少人壮烈牺牲。

"二战"后,世界范围内的民族解放运动风起云涌,希族人的意诺西斯运动也出现新高潮。1947 年,当多德卡尼斯群岛并入希腊以及英国宣布从巴勒斯坦和印度撤军时,岛内意诺西斯的呐喊声更为强烈。1950 年 1 月 15 日,在塞浦路斯大主教的主持下,塞浦路斯对意诺西斯的提议进行全民公投,95.7% 的希族人投赞同票,但此结果并未得到英国人的认可。① 自奥斯

---

① Cyprus Tourism Organization. *Cyprus*：10000 *years of history and civilisation*. Nicosia：R. P. M LITHOGRAPHICA LTD，2012，p. 15.

曼时代起,东正教会领袖便不仅仅是单纯的宗教领袖,而是岛内希族群体的利益代言人。同年 10 月,马卡里奥斯三世当选为塞浦路斯大主教,成为岛内反殖民主义的政治领袖。

同时,希族人在希腊积极宣传,争取同宗同源的希腊人的支持和同情。希腊政府迫于国内舆论压力,就塞浦路斯问题向英国政府提出交涉,但当时的英国外长艾登拒绝就塞浦路斯独立问题与希腊协商。1954 年,希腊政府将塞浦路斯民族自决的提案提交联合国安理会。

但英国以塞浦路斯是大英帝国属地、塞浦路斯问题属于英国内政为由反对联合国讨论该问题,同时美国和土耳其也表示强烈反对,最后联合国否决了关于塞浦路斯的提案。塞浦路斯争取在联合国获得民族自决支持的出路被堵死。

至此,希族人对英国殖民政府彻底失望,对和平实现意诺西斯不再抱有任何幻想。当联合国否决了塞浦路斯的提案后,希族人极度失望,反抗英美的示威游行活动不断,不时爆发流血冲突。英国政府极力压制意诺西斯运动,颁布《反煽动法》,肆意限制新闻自由。为打破政治僵局,在希族人对意诺西斯的期盼以及塞浦路斯教会的支持下,埃奥卡(EOKA,塞浦路斯全国斗争组织)应运而生,成为岛内反殖民主义的主要民族解放力量,岛内紧张局势和暴力抗争逐渐升级。

埃奥卡的军事首领是出生于塞浦路斯的希腊籍军官乔治·格里瓦斯。在雅典访问期间,马卡里奥斯遇见了这位志同道合的合作伙伴。格里瓦斯出生于法马古斯塔附近的小镇,长大后赴希腊求学,加入希腊国籍,曾参与希土战争与"二战",具有丰富的武装斗争经验。两人一拍即合,格里瓦斯决定回国帮助希族人建立反抗英国的武装,促成意诺西斯。1955 年 4 月起,埃奥卡陆续策划了一系列针对英国官员、政府机构的炸弹袭击事件,标志着埃奥卡 4 年争取民族自决武装斗争的开始。①

话分两头,对于意诺西斯,岛内土族人一直是持反对意见的。他们担忧与希腊合并后,土族作为少数群体,利益将得不到保障。为对抗意诺西斯运动,土族人衍生出塔克辛运动,主张分裂主义,将塞浦路斯一分为二,分别归入希腊和土耳其;争取到土耳其的支持,在 20 世纪 50 年代后期成立准军事性质的土耳其防御组织"火山"(TMT)以支持并控制塞浦路斯土族活动,支持岛内的分裂主义运动。

为应对意诺西斯运动和埃奥卡游击斗争,英国政府秘密与土族人和土耳其政府合作,壮大土族人的声势,并有意让土族人组成的警察队伍去驱散支持意诺西斯的示威者,拘捕埃奥卡同情者。这加剧了希族与土族的矛盾冲突,使岛内局势更为复杂。

随着事件越演越烈,为不受联合国干预,1955 年,英国政府决定组织英国、希腊与土耳其三方会议,讨论包括塞浦路斯问题在内的东地中海政治与防御问题。讽刺的是,这次会议主要讨论的就是塞浦路斯问题,却没有邀请塞方代表参加;并且邀请土耳其加入塞浦路斯问题讨论,有悖《洛桑条约》的规定。相较于希腊的犹豫不决,土耳其方面很愉快地接受了邀请。希腊最终怀抱着土耳其方仅作为观察员参会的想法出席会议。

但英国引入土耳其加入会议的本意就是分裂希族人与土族人,并没有促成会议成功达成协议的意愿,如此英国便能继续掌控塞浦路斯。可以想见,谈判很快破裂。之后,土耳其驻希腊萨洛尼卡领事馆发生神秘爆炸,而土耳其国内也爆发了反

---

① 何志龙:《塞浦路斯》,社会科学文献出版社 2011 年版,第 74 页。

希腊游行。1930年以来,希土两国辛苦维系的和平冷静的国家关系被画上了句号。

为缓和局势,英国与马卡里奥斯大主教商讨了多种方案,其中最著名的就是麦克米伦计划,该计划支持希族与土族分裂,由英国、希腊和土耳其联合行使主权。显然,该方案只迎合了土族人的意愿,希族人是无法接受的。

1956年3月,迫于埃奥卡斗争的压力,英国将马卡里奥斯大主教囚禁于塞舌尔岛。1年后,在美国的施压下,马卡里奥斯大主教才得以释放,但仍不被允许返回塞浦路斯。促使美国出面的缘由则是其担忧同为北约同盟国的希土两国的关系恶化,影响到北约,于是敦促英国、希腊与土耳其三方尽快走出僵局。

随着岛内暴力冲突和流血事件导致的伤亡人数不断增加,在美国的施压下,英国、希腊与土耳其终于决定心平气和地尽快解决塞浦路斯问题。但三方会谈的鼎立局面已表明,塞浦路斯与希腊合并的意诺西斯提案是不可能被通过的。希腊与土耳其各自都有维护其族人的意愿,意诺西斯和塔克辛的争论注定是不可协调的矛盾,而且英国已多次表明支持塞浦路斯独立,成为主权国家。最终,马卡里奥斯在多方权衡下,转变了一直以来的战斗目的,从意诺西斯转为支持塞浦路斯独立,以摆脱殖民地地位为要务,埃奥卡宣布放弃武装斗争。不论是屈服于形势,还是主动转变观念,马卡里奥斯的这次转变最后成功促成了塞浦路斯的独立,暂时避开了希族与土族之间的矛盾,但也为之后岛内种族争端埋下了伏笔。同样,因为此次决定,原先两位并肩作战的好友——马卡里奥斯和格里瓦斯,逐步转向对立面。

1959年2月,希腊外长康斯坦丁·卡拉曼利斯与土耳其外长阿德南·门德列斯在苏黎世会晤,就塞浦路斯独立形成初步方案。之后,英国、希腊与土耳其三国政府代表齐聚伦敦会晤,形成最终方案。据说,马卡里奥斯大主教在会上据理力争,将英方要求的主权基地面积从 430 平方千米削减到 256 平方千米,相当于岛屿面积的 3%。英国至今仍在塞浦路斯保有两处主权军事基地。

《苏黎世—伦敦协议》由《保证国条约》《同盟条约》以及《独立条约》组成。《独立条约》基本确立了塞浦路斯共和国宪法大纲,明确塞浦路斯只能成为一个独立主权国家,禁止主张将塞浦路斯划归给希腊或土耳其;根据种族和血统将塞浦路斯人分为希族和土族;根据人口比例,塞浦路斯总统从希族人中选出,副总统从土族人中选出,总统和副总统拥有一票否决权,但需由众议院和部长会议来做最终决定;10 名政府部长也是按人口比例划分的,由 3 名土族部长和 7 名希族部长组成;众议院无权修改任何基本条款,一切法律条款的修改和增减都要在两个种族中拥有 2/3 的通过率后才能进行。但其中很多篇幅却用以规定英国的主权军事基地及其相关权益。《同盟条约》为希腊、土耳其与塞浦路斯之间的合作设定了框架,包括训练一支塞浦路斯军队,以及分别在岛内驻扎 950 名希腊士兵与 650 名土耳其士兵。此驻军比例约为 60∶40,与岛内两族实际人口比例 82∶18 不相符合。《保证国条约》则约定塞浦路斯不与任何国家联合,也不进行分裂,同时英国、希腊与土耳其三国作为保证国,对塞浦路斯的独立、主权与安全负责。

具有讽刺意味的是,塞浦路斯希族或土族人却不能对协议起草发表意见,对于这些事关其切身利益的协议签署,塞浦路斯公民亦并没有机会投票表决。

塞浦路斯后殖民时代各项安排的复杂性恰恰反映了外部

利益斗争的结果。首先,继续维持英美在塞浦路斯岛军事部署的利益。自 1956 年苏伊士运河危机后,英国便逐步将针对中东的电子窃听设备转移到塞浦路斯。其次,即使塞浦路斯不是北约成员国,也要将其捆绑在北约利益的一侧。最后,维护希腊与土耳其在塞浦路斯的权益。①

1959 年,塞浦路斯举行大选。1959 年 12 月,希族大主教马卡里奥斯三世当选为共和国的首位总统,土族法兹尔·库丘克当选为副总统。1960 年,塞浦路斯共和国正式成立,反殖民主义抗争取得了阶段性胜利。塞浦路斯得到了短暂的宁静,当年即加入了联合国,成为其第九十九个会员国。塞浦路斯两族人民似乎正在拥抱属于他们的崭新未来。

但独立并没能化解两族之间的矛盾,两族的关系微妙,复杂的国家认同感、不同的战略倾向以及那些看似公平却难以实行的宪法规章在一开始便为新生的塞浦路斯共和国套上了沉重的枷锁。《苏黎世—伦敦协议》并未对如何组建未来基层政府的行政机构达成指导意见,这为两族后续的争端埋下了隐患。

总而言之,塞浦路斯的国土面积只有 9000 多平方千米,还没有中国首都北京市的土地面积大,但就是这样一座"小"岛,却因为地处欧亚的咽喉要道而成为世界强国的必争之地。虽然"一战"与"二战"的战火并未波及塞浦路斯,但身处世界变局中的小国是无法独善其身的。"一战"使得塞浦路斯在摆脱奥斯曼帝国控制的同时,也完全沦为英国的殖民地。彼时的塞浦路斯人满怀欣喜,一度希望能像其他曾被英国"拯救"的岛屿一

---

① Mallinson,W. *Cyprus*:*A Historical Overview*. Nicosia:Press and Information Office,2011,p. 25.

样,被送还给他们的母国希腊。但是塞浦路斯重要的战略位置
注定"成也萧何,败也萧何",英国统治者根本就没有放弃此咽
喉要道的打算。"二战"以后,民族解放运动的浪潮感染了塞浦
路斯,英国不仅一再拖延或拒绝塞浦路斯民族自决,导致岛内
埃奥卡运动的兴起,还与土族以及土耳其政府秘密合作,将土
耳其拉入讨论塞浦路斯归属的政治问题当中,激化了希族与土
族之间的矛盾。最后在冷战风云中,塞浦路斯迎来了久违的独
立,摆脱了英国的殖民统治。

话分两头,虽然英国掌控塞浦路斯的时间不长,其文化却
在塞浦路斯留下了深远的影响,如英语的普及。虽然英语不是
塞浦路斯的官方语言,但塞浦路斯是欧洲非英语为母语国家中
英语普及率较高的国家之一,并且塞浦路斯政府有意维持这一
优势,以吸引更多的留学资源与外商投资。

其中最重要的还是其对英式法律体系的沿袭与保留。现
行的塞浦路斯法律系统是建立在英国法律体系基础之上的,
缘由便是在英国统治期间,所有的律师必须通过英国司法系
统学习及考试方能获得律师执照。因此,虽然塞浦路斯在文
化上与希腊同宗同源,但其沿袭的法律体系是不相同的。在
塞浦路斯独立后,大部分英式法律制度仍被保留下来,可以说
塞浦路斯法律制度是建立在英式普通法和平等的原则基础上
的,直至今日,若塞浦路斯本国法律无例可循,仍会借鉴英国的
判例。虽然2004年之后,为适应欧盟相关规章,塞浦路斯对其
宪法进行了修正,规定欧洲法的地位凌驾于宪法和国家立法之
上,但英国的法律体系仍对塞浦路斯留有深远的影响,特别是
案例法原则。

中篇

塞浦路斯的今生

孤岛困局

在那个动荡不安的年代,弱肉强食就是基本的生存法则,哪怕是一个国家也不例外。自 1878 年开始,塞浦路斯就被英国以"租借"的方式从奥斯曼土耳其人手中夺走,后来随着第一次世界大战的胜利,英国直接吞并了塞浦路斯。新的土耳其共和国(原奥斯曼帝国)也随之放弃了在该岛拥有的一切权力。英国的殖民统治一直持续到 1960 年。这一年,塞浦路斯正式独立并建国。

当世界经历了两次大战之后,各个国家之间的紧张局势逐渐缓和,动荡的社会开始步入稳定,人们急需在和平、友好的氛围中建设家园。可是塞浦路斯人依然在为自己国家不太明朗的前途而奋起反抗,由于诸多历史原因,所谓的塞浦路斯人其实是由希族人和土族人两个种族共同构成的。同属一个国家的两个种族有着不同的信仰、不同的文化、不同的思想、不同的社会风俗,这些注定了塞浦路斯比其他国家和地区在独立道路上要面对更多的困难和障碍,也为日后国家管理与发展遇到棘手的麻烦埋下了诸多伏笔。

塞浦路斯独立之后,一切看似都在向好的方向发展,但塞浦路斯的根本问题仍然没有得到妥善处理。在外,塞浦路斯被看作一个独立的国家,但是在内,塞浦路斯人依然因为自己的信仰、文化、历史等诸多因素分为希族人和土族人两个阵营,双方都没有将自己看作塞浦路斯的一员,而一心只想着各自的母国。缺少了主心骨和凝聚力，塞浦路斯虽然在政权上取得了独立，但是内部实际上是一盘散沙，两个阵营之间的关系、协作能力、相处模式等均不佳。双方在共同治理国家期间就一直摩擦不断，解决和处理矛盾的方式也逐渐从温和的对话演变成暴力冲突事件。

1963年，这个刚刚独立不到3年的国家就陷入了分裂的危机。这是因为在签署《苏黎世—伦敦协议》时还有一项讨论没有完成，就是有关独立后的地方政府选举及行政管理等一系列问题。当时为了尽快让塞浦路斯独立，这些细节性的问题被作为担保国的英国留给了独立后的希族和土族双方来决定，但在塞浦路斯独立之后，这一历史遗留问题的讨论结果可想而知。双方都最在意行政权力的比重，在这一点上始终无法达成统一，希族认为当时的土族人口还不到全国总人口的20%，不应该按照7：3的比例划分，应该改为8：2；土族则认为希族不知满足，应该增大土族的执政席位比例。

就在双方僵持不下的情况下，塞浦路斯第一任总统希族人马卡里奥斯三世大主教发布了13项宪法修正案，修正案立马遭到了土族的反对。土族认为这些做法实为变相削弱土族人的政治权利，这直接导致了土族以及土耳其共和国的强烈不满，修改意见也随即被土族副总统一票否决了。副总统甚至宣布宪法已死，并表示希土两族已不能共事。新组建的塞浦路斯政府中的几位土族部长和一些议会成员退出了政府部门，他们认为自己无法跟希族人在同一个屋檐下工作。岛上局势极其紧张，两族间的摩擦不断，两族极端分子仍在宣扬意诺西斯及分裂主义，外部势力也在不断渗透，眼看就要演变成一场国际危机，马卡里奥斯总统只能将问题移交给联合国来处理。

1964年联合国安理会通过决议，向塞浦路斯派驻联合国维和部队,任命联合国协调员并重申了塞浦路斯的独立主权。但是塞浦路斯的土族人认为联合国的做法明显偏向希族人,没有帮土族人主持公道,暴力事件持续升级,土族人还联合土耳其空军偷袭了一些希族村镇,甚至有的极端主义者还使用汽车炸弹袭击了许多民用建筑。这一行为引来了世界各国的强烈谴责,苏联因此威胁土耳其,称要出兵保护塞浦路斯不受侵略,美国也因为担心希腊和土耳其这两个北约盟国随时可能爆发战争而使苏联受益,一再警告两国保持克制,并要求土耳其停止一切侵略行为。

一场即将因为塞浦路斯而引发的地中海之战就在各方的斡旋调停中暂时得以压制。虽然没有爆发大规模战争,但塞浦路斯作为一个统一、完整而独立的国家的愿望却也就此破灭了。土耳其政府鼓动塞浦路斯土族实施自我管理政策,并支持土族人彻底与希族人分离,这种"劝分不劝合"的态度不仅无益于解决问题,还进一步激化了岛上希土两族人民之间的矛盾,同时也使希腊与土耳其两国之间的关系降到冰点,近万名有着希腊血统的土耳其人还被土耳其政府驱逐出境。联合国的协调也没能阻止塞浦路斯分裂的步伐,在得知土耳其政府帮助土族进行全方位武装后,希腊也以帮助塞浦路斯抵抗入侵为由派部队登岛,希腊军队控制了塞浦路斯政府。小岛上两个种族的母国之间这样"你来我往"的拉锯战使紧张局势再次升温,达到了白热化的程度,战争的阴霾再次袭来。

此时,美国国务卿艾奇逊(Acheson)提出了一个所谓的方案以解决塞浦路斯问题。其中就包括将塞浦路斯归入希腊,割让希腊的岛屿给土耳其作为补偿,在塞浦路斯建立一个美国北大西洋基地,等等。为了推行这一方案,美国还分别向希腊和土耳其两国政府施压,胁迫他们同意。数以万计的土耳其国民和希腊国民纷纷走上街头,并在美国驻当地大使馆前示威游行,反对美国的干涉。最终,在舆论的压力以及塞浦路斯马卡里奥斯总统的坚决拒绝下,美国想在地中海强插一脚的美梦还是破灭了。

此外,马卡里奥斯总统由于采取了均衡政治手段和支持不结盟运动而在塞浦路斯获得了极高的威望。为了缓解塞浦路斯紧张的局势,他还鼓励塞浦路斯政府出台一系列措施振兴经济,帮助流离失所的塞浦路斯希族和土族居民重建家园,并承诺对土族居民进行一定的补偿等。随着塞浦路斯政府逐步实施这些举措,岛上紧张的气氛有所缓和,两族之间的暴力冲突和民族矛盾也逐渐得到了消解。塞浦路斯社会各方面的发展才开始缓步有序地进行,岛上的局势逐渐缓和。

在政府的领导下,塞浦路斯的民族对立有趋缓的态势,希族和土族之间的矛盾也有所减弱,塞浦路斯逐渐开始以统一的国家形态运行和发展。同时联合国维和部队的入驻而产生的消费为岛上居民带来了一定的经济收入,塞浦路斯政府实施的一系列经济振兴计划也让希族和土族人民第一次品尝到了一个稳定而独立的国家为他们带来的经济利好,他们的生活相较之前的动荡时期也更安稳且富足。但就在塞浦路斯人民空前团结,整个社会也趋于稳定,经济开始复苏并持续增长的关键时刻,希腊军政府极端民族主义者再次提出了要"帮助"塞浦路斯"回归"希腊,并反复强调应该重启塞浦路斯与希腊合并的议题,企图以此打压土耳其政府,破坏塞浦路斯的稳定和团结。

这一提议被曾经主张与希腊合并的塞浦路斯希族总统马卡里奥斯一口回绝,他公开表示要坚定地实现塞浦路斯的完全自主和独立。这一表态遭到了主张将塞浦路斯与希腊合并的狂热分子的强烈反对,他们甚至策划暗杀总统。马卡里奥斯的态度实际上也反映了当时大多数塞浦路斯人民渴望和平与稳定的意志,为什么这么说呢?因为他在1968年的总统竞选中以95%的得票率取得了压倒性胜利,获得连任,再次当选塞浦路斯总统,而这95%的选票中有一部分是塞浦路斯土族人投的。看着越来越不受控制的希族总统,除了希腊军政府外,当时已经是盟国的英国和美国政府也感到了一丝不安,担心塞浦路斯真正独立会削弱其在地中海的控制权。于是,两国再次"好心"地提出塞浦路斯两族人民应该尽快解决历史遗留问题,以使国家步入有序发展的轨道,做好与国际接轨的准备。

因此,塞浦路斯政府积极筹备并倡议希族和土族就宪法遗留的问题再次展开新一轮的磋商和谈判,联合国对双方积极解决问题的态度表示肯定和支持。但是双方在各地方政府领导人的遴选及地方社区的行政管理等一系列问题上一直无法达成统一的意见,谈判就这样时断时续地从1968年持续到了1974年,其间虽然也取得了一定的进展,但距完全解决问题还有很长的路要走,双方都面临着很多的阻碍。

本来在和平友好的氛围中,哪怕再多的问题和争议都能够以协商、讨论的方式得到妥善解决和处理,但是1974年希腊军政府强硬派开始掌权,他们一心要让塞浦路斯"回归",早就看不惯马卡里奥斯总统提出的塞浦路斯应该独立自主而不依附任何母国的主张。他们认为这个身为希腊裔的总统完全不为希腊的利益考虑,无疑是背叛,于是发动了针对总统的军事政变。英国作为担保国拒不履行它曾签署的《保证国条约》,而且故意将在政变中幸存的总统推迟送往美国,导致他无法按时参加联合国安理会在总部纽约进行的商议活动,失去了一次寻求联合国处理塞浦路斯问题的机会。与此同时,土耳其政府打着保护塞浦路斯不受侵略的口号,也派出了武装力量登陆塞浦路斯与希腊军队开战。此时,联合国安理会也及时做出回应,要求一切外国军事力量停止对塞浦路斯内政的干预。不久之后,双方停火,希腊军政府下台,塞浦路斯的政变者也被推翻,但土耳其军队不顾停战协议依然从塞浦路斯北部持续向南推进。最终土耳其在英美等国的施压下才停止了军事进攻的脚步,但塞浦路斯岛已经有 37% 的领土被土耳其军队占领并控制。近20万生活在北部的塞浦路斯希族人被赶出世代生活的家园,许多留下的希族人也生活在压迫之中。为了维护当地社会稳定,保障当地人民的安全,联合国在岛上划定了联合国缓冲区,又称绿线,由联合国维和部队负责管理。

联合国缓冲区/卢星摄

至此,塞浦路斯全境被分裂,北塞浦路斯(以下简称"北塞")是以信仰伊斯兰教为主的土族聚居地,南塞浦路斯(以下简称"南塞")是以信仰东正教为主的希族聚集地。其实在 1975年土耳其军队控制北塞之后,土族人就单方面宣布成立"北塞浦路斯土耳其联邦"(Turkish Federated State of Northern

Cyprus）。后来，又在 1983 年更名为"北塞浦路斯土耳其共和国"（Turkish Republic of Northern Cyprus），并宣布首都为北尼科西亚。对于土耳其这一带有侵略性质并企图分裂完整主权国家的行为，世界各国都予以了强烈谴责，联合国安理会则宣布所谓的北塞政府不具备法律效力并不予承认。即便如此，土耳其政府至今也没有将北塞还给塞浦路斯政府，而尼科西亚也成了世界上至今为止仍然分裂的首都。

在激进的希族和土族对抗中，塞浦路斯完整的领土被割裂，首都被"一分为二"。这表面看来是两个种族之间的矛盾所致，实则是在一些利益集团的操控下逐渐演变形成的。其实，早在土耳其控制了塞浦路斯岛近 1/3 的国土面积之后，马卡里奥斯就一直主张与土族进行协商，并多次强调两族和平谈判的重要性。1977 年，他还与当时的土族领导人就将塞浦路斯建立为一个独立、不结盟的两族联邦共和国在指导原则上达成了一致。但是随着马卡里奥斯的逝世，塞浦路斯成为独立而统一的国家的希望再次破灭。当时的土耳其政府为了帮助塞浦路斯土族巩固他们在塞浦路斯岛的地位，增强他们在岛内的影响力，不仅试图阻挠塞浦路斯反分裂方案的进程，而且鼓励并支持大批土耳其非法移民前往塞浦路斯定居。

在短短几年时间内，北塞的人口迅速增长，并很快超过了当地土族人，导致北塞地区的资源、耕地、住房等出现了一定程度的紧张，同时也造成了土族人内部的紧张气氛。大批移民的到来不仅打破了塞浦路斯岛上原有的人口结构，还引发了一系列问题，尤其是对当地环境的破坏；他们还大肆摧毁一些有保护价值的教堂、修道院等历史遗迹，许多珍贵的艺术品和文物被走私贩卖。土耳其政府通过这些新移民，对北塞实行了种族清洗、宗教迫害等，企图实现北塞的土耳其化，实际上在土耳其政府多年的不懈"努力"下,北塞在某种程度上已经沦为土耳其政府在地中海上的一块殖民地。

随着土耳其政府对北塞政权的稳固控制,希族人提出的谈判条件已经完全无法满足他们的要求了。此外,土耳其政府还将北塞作为谈判筹码对希腊在爱琴海上的一些小岛提出主权要求。可想而知,对希腊来说,这种异想天开的要求根本不可能接受。因此,塞浦路斯的南北统一就成了一个无解的问题。

除了努力促成国家的统一外,塞浦路斯政府自独立以来就一直致力于加入欧盟,希望能够成为欧洲联盟阵营中的一员。在提出加入欧盟的申请之前,塞浦路斯已经与欧洲共同体取得了一些实质性的联系,并签署了一系列相关协定,这也为塞浦路斯后来申请加入欧盟打下了一定的基础。自 20 世纪 90 年代初期开始,塞浦路斯(南塞)就积极申请加入欧盟,这也受到了来自土耳其政府的各种阻挠与威胁。虽然欧盟理事会强调塞浦路斯分裂的现状并不影响欧盟考虑接受其申请,但是国际社会普遍担心塞浦路斯如果成功加入欧盟可能会刺激到同样申请加入欧盟却屡遭拒绝的土耳其政府。最后在英美的敦促和施压下,联合国为解决塞浦路斯争端,于 2002 年 12 月提出了一个方案,并将该提案以时任联合国秘书长的名字科菲·安南(Kofi Annan)命名。

"安南计划"强调以希族和土族两个种族联邦共治的形式将现有的塞浦路斯共和国重组为"塞浦路斯联邦共和国"。这一计划是以瑞士联邦政府的形式为模板提出的,在确定最终方案之前还历经了 5 次修订。最终的修订版在涉及具体的两族以联邦形式管理国家方面从宏观层面到微观层面都给出了建议和措施。例如,根据两族的人口比例成立一个总统理事会,其中有表决权的成员 6 名(按当时情况,由 4 名希族人和 2 名土族人组成),无表决权的成员 3 名,按两个种族的人口比例划分为 2∶1,新的塞浦路斯联邦政府的总统和副总统就将从这个理事会的成员中选举产生,而所有理事会中的成员均由议会投票选出。新联邦政府的立法机构采取参议院(上议院)和众议院(下议院)两院制。当然两院的成员都要从两个种族中产生,参议院的 48 名成员中两族各占一半的人数,而众议院的 48 名成员则按两个种族的人口比例来确定人数,但人口比例较低的一方在众议院中的成员人数最少不能低于 12 名。最高法院的大法官由总统理事会任命,希族法官和土族法官的人数相等,在此基础上再加入 3 名外国法官。

除上述对新的联邦政府行政建议的具体细节外,计划还提出了包括制定塞浦路斯联邦共和国的宪法以及联邦政府管辖范围内每个州(或省)的法律和一系列相关的法规等建议,并且提出了关于塞浦路斯联邦共和国的国旗和国歌的设计方案。计划还建议联邦共和国的任何公民都应具有自由往来两个种族所管辖领土(南塞和北塞)的权利。为了缓和两个种族的母国(希腊和土耳其)关于塞浦路斯问题的一些争端,还允许希腊和土耳其在该岛上维持永久性的军事存在,但要求部队的数量有阶段性地大幅度减少。此外,还设置了和解委员会,以使两个种族在统一的联邦政府的管理下更加团结。计划也为过去一些悬而未决的争端提供了解决方案。

与联合国和国际社会对塞浦路斯的热切关注形成强烈反差的是,计划在塞浦路斯进行全民公投时遇冷。2004 年,计划在经多次修订之后,由塞浦路斯全体公民投票决定是否同意实行计划中的各项建议及提案,投票结果显示有近八成希族人反对计划,而土族人中只有不到四成投票反对。希族人投反对票的原因之一是出于安全考虑,他们认为如果通过了计划,那么土耳其军队在岛上的存在就有了合理化的理由,而且土耳其政府还拥有了单方面的军事干预权,这是希族人所不能接受的。

最终,计划在经历了 5 次修订、全民公投之后,被迫"流产"。联合国安理会只能宣布计划无效并发表声明称尊重塞浦路斯人民的公投结果,时任联合国秘书长安南则表示对出现这样的结果感到失望,并为国际各界对塞浦路斯的统一所做的努力没有得到圆满的结局而感到遗憾。联合国安理会再次重申坚决支持塞浦路斯积极解决政治争端,争取早日实现统一。

在公投结束之后,联合国对土族人积极解决争端的态度表示了肯定,同时也呼吁国际社会解除对北塞地区的禁运和封锁,并恢复北塞参与经济、政治、社会等方面的有效性,同时呼吁希族人积极面对争端,以政治平等的联邦形式实现塞浦路斯的统一。

就在计划宣告失败的同年,塞浦路斯(指被国际主流承认的南塞)加入了欧洲联盟,正式成为欧盟的一员。欧洲理事会除宣布塞浦路斯的欧盟成员身份以外,还特别指出因为塞浦路斯的统一问题以及政治争端未能得到妥善处理,因此暂缓对北塞地区实施欧盟的法律制度,直到这些问题得到解决为止。2008 年,塞浦路斯在加入欧盟后的第四个年头正式加入了欧元区,塞浦路斯镑的使用也成了历史。同处一个岛上的南塞和北塞早在分裂之后就形成了鲜明的对比,这一颗地中海上的明珠也就拥有了南北"两副面孔"。

归功于有远见的政府规划以及来自英国、希腊和各个国际组织的认可与经济援助,南塞的社会秩序和经济水平早已从南北争端的战乱中逐渐恢复,还曾被世界银行定为高收入经济体,在 2001 年被国际货币基金组织定为发达经济体。反观北塞则尽显窘态,由于土耳其政府单方面帮助土族人"自立为王"，北塞缺乏国际社会的广泛认可，国际援助无法到达北塞，而且这里还曾经历一段时间的国际禁运，贸易、旅游、进出口等产业的国际限制措施使其经济复苏的步伐大大放缓，再加上土耳其政府的新移民政策导致北塞人口激增，大量的社会问题也随之而来。

后来经济危机席卷全球，再加上希腊政府陷入债务危机，整个欧洲经济迎来了至暗时刻，南塞的经济也在多重作用的影响下陷入了困局，失业率大增，直到政府采取了一系列应急措施取得欧盟、欧洲央行以及国际货币基金组织的经济援助，其经济情况才有所好转。北塞则因为贸易伙伴主要是土耳其，且缺乏与国际社会的经济往来，受到的经济危机的影响远没有南塞那么深，虽然经济发展缓慢，但仍在稳步提升。南塞的经济依赖于金融、旅游、能源及航运等多个领域；而北塞的经济来源相对单一，主要依赖于农业，但随着国际政策的放开，旅游业也渐渐为北塞的经济发展做出了一定贡献。

其实在 2003 年，得益于各方的努力，南塞与北塞的边界在经历了 20 多年的隔离与封锁之后终于开放，允许希族人和土族人合法、自由地相互来往，持有合法签证的外国人也可以自由访问塞浦路斯全岛，这就为两边的贸易和经济发展提供了更多的可能性，尤其有助于北塞的经济繁荣。以此为契机，联合国从中感受到了两个种族人民之间释放的友好与善意，也看到了塞浦路斯统一的可能性，才对"安南计划"进行全民公投，没想到最终还是失败了。对此，土族人认为这削弱了两族人民共同合作的动力，他们总结这次南北统一无果的原因在于欧盟批准并吸收了南塞，使得希族人无须通过与土族人统一来增强经济实力，他们也并不愿意分享加入欧盟带来的经济利好，这破坏了双方达成可持续协议的基础，在一定程度上来说破坏了塞浦路斯统一的可能性。

近年来，虽然南塞得益于欧盟的支持以及国际社会的普遍认可而发展迅猛，但是北塞背靠土耳其这棵大树在社会经济等方面也在稳步发展。更多的土耳其游客、土耳其公司、土耳其商业航班等为北塞带来了更多商机。另外，土耳其对北塞的教育产业进行资助也是其经济发展的重要原因。

北塞的大学中除了有来自土耳其的学生外，还有来自伊朗、阿塞拜疆和一些非洲国家的留学生。说到教育，南塞则拥有更好的教育资源和教育条件。许多欧美的国际学校提供了从幼儿园到高中的教育服务，塞浦路斯大学在欧洲大学中综合实力也是首屈一指的。南塞的教育之所以受到欧洲甚至世界各国留学生的青睐，是因为其教育相比欧洲其他国家性价比更高。同时与欧洲大部分地区相比，南塞的犯罪率相当低，在社会治安方面有保障，外国留学生能够在友好的环境中快速融入当地生活，而且南塞的生活和交通成本也低得多，留学生所要担负的经济压力相对较小。

除了经济与教育外，南塞与北塞的差异还体现在生态环境、资源开发、城市规划与发展、国际关系等诸多方面。回顾塞浦路斯的历史，不难发现它历经战乱、占领、霸权、殖民，又在好不容易取得的独立中走向分裂。在过去的几十年中，封锁和隔离阻碍了塞浦路斯的进步，尤其是给北塞的发展蒙上了一层阴影。尽管近年来国际社会对北塞问题的态度有所缓和，但是南塞依然是公认的合法代表塞浦路斯的政权，而南塞与欧洲那些剪不断理还乱的关系也注定了它的发展要比北塞更具挑战性。或许，在未来的某一天，塞浦路斯能够冲破南北之间的藩篱，走出困局，实现真正意义上的统一，塞浦路斯人也能在合作共赢的氛围中更好地融入世界大家庭。

身在亚洲心向欧

　　塞浦路斯,地处欧洲文明与文化的发源地,两千年来与欧洲深藏的纽带联系,深深地塑造了塞浦路斯人的价值观以及文化、政治、经济与社会行为。毫无疑问,这些交互遗留的财富都赋予塞浦路斯以欧洲身份与性情,并确信其天生属于(欧盟)这个大家庭。

　　　　——欧盟委员会1993年对塞浦路斯入盟申请给出的答复①

　　从地理位置而言,塞浦路斯属于亚洲,是地中海最东面的岛屿,北距土耳其40千米,东距叙利亚96.55千米,远离地中海文明中心,近靠北非、西亚文明。但正如引文所言,其政治倾向和文化取向实质上与欧洲更为接近。由于希族早在千年前便成为塞浦路斯的主体民族,罗马和拜占庭帝国的文化遗产根植在塞浦路斯的文化和政治体系中,填补了塞浦路斯与西方文明中心距离稍远的不足,兼之塞浦路斯又曾被英国殖民统治,独立后加入英联邦,自英国和希腊分别于1973年和1981年加入欧共体(欧盟前身)后,塞浦路斯便积极拓展与欧共体的友好关系。而由于塞浦路斯地理位置的重要性和文化的同源性,欧盟有意将其纳入扩大计划。毕竟,随着冷战后中东地区不稳定

---

　　① High Commission of Cyprus in the UK. *Cyprus and the EU*, https://cyprusinuk.com/cyprus-and-the-eu/, 2021-03-23.

因素的增加,塞浦路斯的战略性地位得到凸显。伊拉克战争期间,美军的战机便是从塞浦路斯的英国军事基地起飞的。

塞浦路斯自建国后一直奉行的是中立原则和不结盟政策,曾是不结盟运动的 25 个创始国之一①,那么为什么最后选择放弃不结盟政策,转投欧盟的怀抱呢?

依据塞浦路斯独立时的《苏黎世—伦敦协议》,英国、希腊和土耳其三国同为塞浦路斯的保证国,塞浦路斯只能加入成员国包括希腊和土耳其的国际组织。在塞浦路斯申请入盟之初,欧盟内部不乏反对之声,担忧欧盟会陷入塞浦路斯的政治泥潭之中。2004 年,塞浦路斯加入欧盟时,它是欧盟中第一个处于分裂状态的成员国;直至 2021 年,土耳其仍在积极争取入盟资格,塞浦路斯和希腊同为欧盟成员国,却成为土耳其加入欧盟的坚定绊脚石。塞浦路斯是如何突破层层阻碍,从 1990 年正式提交入盟申请,耗费 10 余年,终于在 2004 年成功加入欧盟的呢? 其间,土耳其的态度又是否发生了转变? 加入欧盟对塞浦路斯的社会经济发展有什么影响? 其中的波澜曲折且待慢慢道来。

其实,虽然塞浦路斯刚独立时,经济基础较为薄弱,自然资源缺乏,国内市场狭小,经济发展相对落后,但之后亦创造了不少经济奇迹。1960—1973 年间,塞浦路斯经济走上一条快速发展道路,年均国内生产总值增长率为 7.3%,制造业、建筑业飞速发展,同时塞浦路斯岛逐渐成为热门的度假旅行地。不幸的是,1974 年的危机为塞浦路斯经济发展带来毁灭性的打击,GDP 缩减了 17%,出口总量下降 20.8%,游客数量下降

---

① 何志龙:《塞浦路斯》,大连海事大学出版社 2019 年版,第 125页。

43.6％。于是,1975—1991 年间,塞浦路斯政府启动 5 轮"紧急经济行动计划",安置难民,重建家园,恢复经济,使塞浦路斯再次步入经济发展的快车道,也有了申请加入欧盟的底气。

塞浦路斯加入欧盟的迫切性是不难理解的,以 1974 年危机为分界线,背后驱动的原因有所转变。1974 年之前,塞浦路斯的迫切性主要来源于经济发展需求。独立后,英国仍是塞浦路斯出口贸易最大的交易伙伴,其中很重要的原因便是作为英联邦的成员国之一,塞浦路斯出口英国的产品享有贸易优惠政策。英国在 1961 年便申请加入欧共体,而一旦英国加入欧共体,英国的贸易与关税政策将受到欧共体对外关税法则和商贸政策的制约,这不仅影响塞浦路斯对英国的出口,而且将终止塞浦路斯在英国市场所拥有的特权。[①] 1973 年,欧共体正式接纳英国作为成员国。众所周知,国际贸易讲究抱团行为,20 世纪 60 年代,欧共体与地中海地区的摩洛哥、马耳他等国先后签署了双边贸易特权协定。周边的小伙伴都在贸易特权圈子里,相互之间的贸易可以享受优惠政策,如果塞浦路斯还不去申请入圈,那其产品在对外贸易中如何保持优势? 塞浦路斯如何能不着急?

而 1974 年以后,由于政变和土耳其入侵,塞浦路斯共和国申请加入的迫切性更多地源于政治和外交需求。希腊与土耳其的权力失衡以及美国对土耳其战略地位的重视,使得塞浦路斯共和国在全球权力制衡的背景下必须引入新的制衡力量来

---

① 何志龙:《塞浦路斯加入欧盟进程探析》,《陕西师范大学学报(哲学社会科学版)》2014 年第 6 期,第 126—133 页。

维护自身的权益,而欧盟是当下最好的选择。① 毕竟欧盟在维护欧洲大陆的稳定、和平和繁荣方面取得了一定的成功。塞浦路斯惧怕 1974 年战争的再次发生,需要强大的外援力量抵抗来自土耳其方面的压力;同时,由于土耳其也正在积极申请加入欧盟,塞浦路斯政府希望通过入盟,加大与土耳其和北塞谈话的政治筹码,促使两族和解,实现岛内统一。当然,经济发展也是入盟的重要考量。塞浦路斯本身国内市场狭小,经济具有极强的开放性,强调外向型经济生产,与欧盟成员国之间的贸易占据塞浦路斯进出口贸易的半壁江山。如果能成功加入欧盟,塞浦路斯将是欧盟成员国中唯一的中东国家,能进一步突显其与中东、北非与亚太国家之间的桥梁作用。

塞浦路斯与欧盟之间的关系始于双方的经济联系。1972 年 12 月 19 日,塞浦路斯与欧共体签署《联系协议》,目的是在 10 年内通过经济贸易和技术合作达成关税同盟,以造福全体塞浦路斯民众并强化与欧盟之间的经济贸易联系。此项协议于 1973 年 6 月生效,分两步走。第一步的执行时间为 1973—1977 年,主要目的是降低部分工业和农业产品的关税。第二步则是从 1978 年开始着手建立关税同盟事宜。但是由于 1974 年的分裂事件,欧盟无意介入塞浦路斯的政治纷争,于是一再暂停执行第二个步骤,直到 1987 年才完成第一阶段的过渡任务,重启第二阶段的执行协议谈判。

第二阶段的执行协议于 1988 年 1 月生效,主要是为了逐步建立关税同盟,同样分成两步进行,直至 2002 年或最晚 2003 年双方达成完全关税同盟。第一步包括塞浦路斯对《联系协

---

① Vassiliou, G. *Cyprus Accession to the EU and the Solution of the Cyprus Problem*, https://www. interactioncouncil. org/publications/cyprus-accession-eu-and-solution-cyprus-problem, 2014-01-01.

议》所涵盖的工业品(石油及 15 类敏感产品除外)和 43 种农产品减少关税和数量限制,采用欧盟的共同关税,以及协调竞争、国家援助和相关法律的配套政策;第二步则包括消除剩余所有关税同盟所涵盖产品的贸易限制,促进工农业产品自由、不受限制地流动,并完善相关关税联盟的配套政策。最后,塞浦路斯于 2002 年实现目标。①

为配套执行《联系协议》,欧共体还与塞浦路斯签署了 4 项技术和金融合作执行协议,为塞浦路斯提供 2.1 亿欧元各类形式的经济援助,包括捐助、贷款以及风险投资等。其中,第一、第二项协议提供 7000 万欧元的资助,主要用于塞浦路斯的基础设施建设,如尼科西亚的排水系统工程、瓦西利科斯—潘达斯科诺斯水利开发与供水工程、泽凯利亚电力工程、南部输电工程等。此外,协议还援助一些有利于促进两族和谐共处的项目,造福两族人民,如尼科西亚勒达斯老街和凯尼西亚大道的修缮工程。

第三项合作执行协议签署于 1989 年,资助总额为 6200 万欧元,用于资助产业发展,使其能更好地适应塞浦路斯与欧盟关税同盟形成后的新型竞争环境。其中的风险投资资助则用于孵化与其他欧盟国家的合资项目。

第四项协议的执行时间为 1995—1998 年,资助总额为 7400 万欧元,主要用于资助促进塞浦路斯经济与社会发展的项目,以便更好地帮助塞浦路斯经济接轨入盟后的环境以及促进塞浦路斯两族之间的和解。

可以说,在塞浦路斯 1990 年正式提交加入欧盟申请之前,

---

①　何志龙:《塞浦路斯加入欧盟进程探析》,《陕西师范大学学报(哲学社会科学版)》2014 年第 6 期,第 126—133 页。

欧盟与塞浦路斯的关系更多是经济层面的,欧盟并不想过多介入塞浦路斯的政治纷争。1971 年,当塞浦路斯申请加入欧共体时,土族便表示坚决反对,"认为塞浦路斯共和国政府不能代表整个塞浦路斯,更不能代表塞浦路斯全体人民的利益"[①]。土耳其发表声明,支持土族与欧共体建立直接的沟通渠道。但是,欧共体以《联系协定》属于经济协议,将惠及塞浦路斯全体人民,而且塞浦路斯共和国政府是塞浦路斯唯一合法政府为由,坚持与塞浦路斯政府签署协定。1974 年,当塞浦路斯爆发政变,土耳其派军占领塞浦路斯北部地区后,塞浦路斯的各项经济指标没有达标,欧共体丧失对塞浦路斯发展的信心,一再延期《联系协定》第一阶段的实施计划。但当 1983 年土族单方面宣布成立北塞浦路斯土耳其共和国时,欧盟深表震惊,并一再表示坚决支持联合国决议,只承认塞浦路斯共和国政府,不承认北塞的合法地位,这就意味着将土族代表排除在关税同盟的谈判之外。

而当 1990 年塞浦路斯共和国代表全体塞浦路斯人民提出入盟申请时,南北统一成为审议塞浦路斯加入欧盟时不可避免的政治话题。北部土族对此大为不满,认为塞浦路斯共和国没有资格在不寻求土族同意的情况下申请加入欧盟。塞浦路斯政府寄希望于提交入盟申请后,欧盟的介入能加快解决岛内两族争端。[②]

1993 年,欧盟委员会经过广泛审查后给出回复,肯定了塞

---

①　何志龙:《塞浦路斯加入欧盟进程探析》,《陕西师范大学学报(哲学社会科学版)》2014 年第 6 期,第 126—133 页。

②　Yiangou, G. S. "The Accession of Cyprus to the EU: Challenges and Opportunities for the New European Regional Order". *Journal on Ethnopolitics and Minority Issues in Europe*, 2002(2), p. 2.

浦路斯的欧洲属性和特征,认可塞浦路斯具备欧盟成员国的资格;但同时也点明,由于塞浦路斯的分裂现状,入盟所要求的人员、商品、服务和资本的自由流动以及依据政治、经济、社会和文化设立的机构及法律法规是无法在塞浦路斯全部领土上得到实施的,因此只有塞浦路斯政治问题得到解决,才能保障欧盟主张和倡导的人权和基本自由权利的实施。

在 1994 年欧盟的科夫峰会上,欧洲理事会认可塞浦路斯为入盟所做的各项努力和准备工作,同意将塞浦路斯与马耳他纳入欧盟下一步的拓展计划。但是,出于部分成员国的担忧,塞浦路斯要加入仍需要完成先决条件,即在入盟前实现统一。希腊作为塞浦路斯希族的亲密盟友,对此先决条件大为不满,并表示如果不将塞浦路斯纳入第一批欧盟扩大计划,希腊作为欧盟成员国,将对此次欧盟扩大计划行使否决权。而土耳其对塞浦路斯的入盟申请则完全站在对立面,因为土耳其担忧一旦塞浦路斯加入欧盟,自己对北塞的政策将不可避免受到欧盟的制约,从而影响本国的国防安全。同时,希腊已经成为土耳其改善与欧盟关系的障碍,土耳其担心塞浦路斯的加入会使其加入欧盟的谈判变得更加艰辛。

1995 年 3 月,入盟谈判迎来了转机。在欧盟理事会的协调下,欧盟、希腊与土耳其达成妥协:希腊同意欧盟与土耳其建立关税同盟,而土耳其将不再反对塞浦路斯与欧盟开启入盟谈判。同时,欧盟将在政府间会议结束后择期进行塞浦路斯的入盟谈判。[①] 此后,欧盟为塞浦路斯提供了总额为 7400 万欧元的第四次经济援助,以便塞浦路斯的经济、法律、政策能更好地与

---

① 　何志龙:《塞浦路斯加入欧盟进程探析》,《陕西师范大学学报(哲学社会科学版)》2014 年第 6 期,第 126—133 页。

欧盟实现顺利对接,同时努力促使岛内希族与土族和谈,助力塞浦路斯统一进程。1997 年,欧盟理事会主席确认,将在 1998 年初开启塞浦路斯入盟谈判,并且强调塞浦路斯入盟谈判不与塞浦路斯问题的解决相挂钩。[1] 欧盟发布的《2000 年议事日程》明确将包括匈牙利、保加利亚及塞浦路斯在内的 10 个国家纳入欧盟第五次扩展计划。虽然欧盟一再强调入盟将惠及塞浦路斯全体民众,希望北塞代表能参与到入盟谈判中,但是北塞代表对塞浦路斯共和国代表塞浦路斯全体民众提出的入盟申请表示抗议,并表示开启入盟谈判将进一步加剧塞浦路斯的分裂程度,推动北塞与土耳其联盟。1997 年 8 月,北塞与土耳其签署《联系协定》,声明只有在承认北塞实体地位的前提下,塞浦路斯土族代表才会参与谈判。

到 1998 年,世界银行认定塞浦路斯为高收入国家,年人均收入达到 13000 美元。1993—1997 年间的年均经济增长率达到 3.4%,服务行业是其最重要的经济增长因素,并且产值占 GDP 比重在不断增加。1997 年,其服务业产值在 GDP 中的比重从 1993 年的 67.5% 增加至 73%;相反,其农业和制造业产值在 GDP 中的比重呈现下降趋势,从 1992 年的 6% 和 14% 下降到 4% 和 12%。

1999 年,赫尔辛基峰会认可了土耳其的欧盟候选国资格,欧盟表明不将统一塞浦路斯作为其加入欧盟的先决条件,期望此举能同时安抚希腊与土耳其。这是为塞浦路斯入盟做出的一项里程碑式决议。当然,这也是对塞浦路斯政府的肯定,因为在对接《欧洲共同体既存典章制度》各方面时,塞浦路斯在所

---

[1] European Parliament. *Briefing No 1: Cyprus and the Enlargement of the European Union*, https://www. europarl. europa. eu/enlargement/briefings/1a3_en. htm,2000-08-08.

有候选国中名列前茅。此后,塞浦路斯入盟谈判进入实质性阶段。塞浦路斯公布的《1999—2003年政府战略发展计划》显示,政府将对标欧盟的马斯特里赫特趋同标准,对国内财政、金融、贸易领域和劳动力市场进行结构性改革。

1999年10月的欧盟报告显示,塞浦路斯已符合哥本哈根标准,认可其市场经济地位,同时指出,虽然塞浦路斯经济发展迅速,通货膨胀在可控范围内,但其宏观经济和财政失衡仍存在一定的隐患;要求塞浦路斯加快私有化,增强银行业的竞争力,资本流动、环境、检验检疫、移民及庇护政策仍需改进。[①]

2000年,欧盟部长会议通过《塞浦路斯与马耳他预入盟执行规定(2000—2004)》,为塞浦路斯入盟进行一系列政策指导。此后又根据《入盟前战略框架》的相关执行规定,欧盟为塞浦路斯提供了5700万欧元的"入盟前援助"用于政策过渡。

2002年,漫长的马拉松式入盟谈判终于在哥本哈根会议上落下帷幕。会议通过决议,同意将塞浦路斯(不包括北塞浦路斯部分)于2004年纳入欧盟,同时表示若塞浦路斯在联合国协调下于2003年达成统一协议,欧盟也欢迎北塞的加入。

2003年,塞浦路斯总统塔索斯·帕帕佐普洛斯在雅典签署《塞浦路斯加入欧盟协议》,标志着塞浦路斯正式被欧洲大家庭所接纳。正如总统在签字仪式上所说的:"这意味着它(塞浦路斯)被(欧盟)家庭所接受,因为它从地理、历史、文化、经济和政治的角度看都属于这个家庭。"土耳其仍是一如既往地表示反对,但无法阻挠。更让土耳其恼火的是,欧盟虽然于1999年认可土耳其的入盟资格,但后期由于土耳其某些政策与欧盟准则相违背,欧

---

① European Parliament. *Briefing No 1*: *Cyprus and the Enlargement of the European Union*, https://www. europarl. europa. eu/enlargement/briefings/1a3_en. htm,2008-08-08.

盟一直未对土耳其的入盟时间给予明确答复。

　　塞浦路斯加入欧盟的决心与欧盟提供的各项对接援助,使得塞浦路斯经济、社会各项制度与欧盟标准对接十分顺利。2004年5月1日,塞浦路斯终于正式成为欧盟成员国之一。2008年成功加入欧元区。而土耳其却至今未能实现入欧心愿。

　　遗憾的是,虽然入盟进程中欧盟与联合国极力促使两族和谈,提炼出"安南计划",即希族和土族共同组成联邦制国家,但具有戏剧性效果的结局仍呈现在2004年塞浦路斯全民公投时刻。由于土耳其的压力和加入欧盟后的经济优惠,一直反对统一提议的土族人大比例(64.9%)通过"安南计划",反而是希族由于已获得欧盟资格,对"安南计划"失去兴趣,多数投票否决该计划(75.8%)。对于此次公投结果,欧盟内部对希族人的投票结果表示失望,对土族人的境遇则更为同情。此后虽然南北方首领多次和谈,但进展甚微。南北分裂割据延续至今。

　　塞浦路斯也成为欧盟成员国中的特例,虽然名义上全体塞浦路斯公民都是欧盟公民,但是《欧盟共同体既存典章制度》的相关政策在北塞地区无法获得贯彻执行。由于土族在2004年公投时的表现,欧盟对北塞群体抱有同情,不时对北塞社区提供各类援助,组织绿线两侧的交流活动。绿线实际上成了欧盟的一段对外边境线。而分裂的塞浦路斯对欧盟的对外政策亦产生很大的影响,特别是在土耳其入盟谈判方面。

　　加入欧盟确实为塞浦路斯的经济带来了飞跃。根据国际货币基金组织的统计,2004—2008年塞浦路斯的GDP逐年稳步增长,年均增长率在4%—5%之间,相较于欧盟很多国家正在遭遇零增长或负增长的境遇而言,塞浦路斯的经济发展成绩令人惊讶。特别是在2007—2008年,塞浦路斯经济平均增长率达到4%,大大超出欧盟的平均增长率,一直维持赤字的政府财政预算实现盈余,就业率亦稳步提升,塞浦路斯成为欧盟中富有的国家之一。①

在进出口贸易方面,欧盟成为塞浦路斯最主要的贸易伙伴。2006 年,塞浦路斯同欧盟各国的贸易额从 1985 年的 57％增加至 70％;与中东国家、亚洲的贸易总额则有所下降,分别为 17％和 9％。其中,在欧盟各国中,英国仍旧是塞浦路斯最大的贸易伙伴,其次是希腊、意大利、德国和法国。②

而且,塞浦路斯地理位置优越,可作为欧亚非三洲企业进入中东市场的跳板,同时又与世界多数发达国家与新兴经济体签署有双重关税协定,或享有企业税率低等优惠政策,因此塞浦路斯渐渐成为世界上受欢迎的国际金融中心之一,大量跨国公司在塞浦路斯设立分部。同时塞浦路斯银行业通过高回报率吸引外籍储户,2010 年其银行业的总储蓄额高达整个国家 GDP 的 6 倍。可以说,除了传统的旅游和贸易行业外,金融服务业成为其新的经济快速增长点。塞浦路斯这个弹丸小国得益于较低的企业所得税率与较高的银行利率,逐渐成长为世界有名的离岸金融中心。

此外,加入欧盟也为塞浦路斯人民的生活带来了很多改变。首先是物价的上涨。水电、食品和农产品的价格都有所上涨。其次是外籍劳力的涌入。来自东欧、亚洲、非洲的外籍工人涌入劳动力市场。许多家庭雇用斯里兰卡或菲律宾女佣和保姆,在餐馆和商店也可以遇到具有东方面孔的服务员与售货

---

① Scott Brown, Demetra Demetriou, Panayiotis Theodossiou. "Banking Crisis in Cyprus: Causes, Consequences and Recent Developments". *Multinational Finance Journal*, 2018, 22(1), p.72.

② 何志龙:《塞浦路斯加入欧盟的影响》,《中东问题研究》2016 年第 2 期,第 65—86 页。

员等。外籍劳力的进入降低了劳动力成本。

在两族统一问题上,塞浦路斯政府极力向国际社会表示渴望两族和解、国家统一的迫切愿望。虽然加入欧盟后,希族拥有了对土耳其加入欧盟的发言权,可以向土耳其施加更大压力,同时,加入欧盟后希族区的经济迎来大发展,两族的经济差距也进一步拉大,希族对土族的经济优势更加明显①,但由于土耳其重要的地理位置和经济地位,以及其政治外交的有效斡旋,土耳其的国际话语权在不断扩大,也使得塞浦路斯政府在和解谈判进程中举步维艰。同时,两族和解谈判多是在双区域、两族群联邦制的基础上进行的,但此种模式的政府是否真能带给塞浦路斯和平与稳定,仍是一个值得思考的问题。毕竟,捷克与斯洛伐克的"离婚案例"就是前车之鉴。

2008 年全球金融危机也波及塞浦路斯,2009 年塞浦路斯便开始出现经济衰退。塞浦路斯的危机是在金融领域爆发的。由于高利率吸储,2010 年塞浦路斯银行业的总资产已是整个国家 GDP 的 6 倍,其中隐藏的危机便是一旦银行的投资决策出现问题,即便倾尽塞浦路斯全国财力也难以挽救;而且塞浦路斯的银行业务高度集中,主要由三家银行主导,分别是塞浦路斯银行、大众银行与希腊银行,若政府监管不力,三家金融机构投资失利,银行业引发的危机将迅速升级为金融系统的问题,严重影响整体经济发展运行。

塞浦路斯爆发的银行业危机主要隐患埋藏在与希腊密切的金融联系上。塞浦路斯银行持有大量的希腊政府债券和企业债券,希腊主权债务危机的爆发不可避免地殃及塞浦路斯这

---

① 何志龙:《塞浦路斯加入欧盟的影响》,《中东问题研究》2016 年第 2 期,第 65—86 页。

条池鱼。其实,与其他欧洲国家不同,塞浦路斯的经济在2007—2011 年间仍呈现年均 3％的增长趋势。可以说,2013 年塞浦路斯银行业危机的全面爆发最初是由财政管理不善造成的,但随后是由政府及其监管机构未能及时有效阻止银行业高管的轻率行为造成的。①

2009 年希腊主权债务危机爆发后,虽然希腊经济已陷入衰退,但塞浦路斯最大的几家银行却仍对希腊充满信心,积极持有希腊政府债券。然而,激进的投资策略并未收获预期的回报。

2011 年底,在欧盟的要求下,塞浦路斯银行壮士断腕,大量抛售希腊国债,紧急减少希腊主权债券以及不良贷款的损失,造成银行资金大量流失,背负巨额债务,降低了外界对塞浦路斯银行业的信心。而塞浦路斯政府也没有就此次危机向欧盟申请补偿。

2012 年,塞浦路斯两大银行仅在希腊债券上的投资亏损就占到塞浦路斯 GDP 的近 30％,超过该国 2011 年政府财政收入的 80％。塞浦路斯政府已无力支援银行业,因为不断递增的政府财政预算赤字以及大量不良贷款,2011 年塞浦路斯长期债务评级连续遭遇 8 次降级。等到 2012 年,塞浦路斯政府已经需要通过短期外借来弥补财政赤字和偿还到期债务,以获取短暂的喘息时间。更令其焦头烂额的是,另外还有 48 亿欧元的贷款即将在 2013 年上半年到期。

塞浦路斯政府无力救助巨亏的银行业,主要的两家银行——塞浦路斯银行与大众银行资不抵债,不得不关闭休整,

---

① Scott Brown, Demetra Demetriou, Panayiotis Theodossiou. "Banking Crisis in Cyprus: Causes, Consequences and Recent Developments". *Multinational Finance Journal*, 2018, 22(1), p. 65.

以寻求喘息之机;政府财政困难,导致主权债务偿付面临危机,引发继爱尔兰、希腊、葡萄牙、西班牙之后的第五波欧债危机高潮,申请国际救助成为塞浦路斯的唯一选择。

其实,塞浦路斯、马耳他、卢森堡是欧盟中体量最小的成员国。塞浦路斯总体经济规模仅占欧元区的0.2%,主权债务总规模也不大,刚刚超过150亿欧元(2012年底),仅为希腊主权债务的1/20、西班牙主权债务的1/50,欧盟完全可以利用已经建立的欧洲稳定机制援助塞浦路斯。[①] 但是,天上不会掉馅饼,欧盟的援助条件所引发的蝴蝶效应让危机影响在全球范围内持续发酵。

2013年3月16日,由欧元集团、国际货币基金组织和欧洲中央银行组成的"三驾马车"达成协议,给予塞浦路斯100亿欧元援助,但附加条件是塞浦路斯必须对境内银行个人存款收取一次性存款税,对10万欧元以下账户征收6.7%存款税,对10万欧元以上账户征收9.9%存款税。此举以牺牲广大储户利益为前提,引起塞浦路斯国内民众的强烈反对。该提议最终被塞浦路斯议会否决。毕竟之前欧盟救助希腊等危机严重的国家,都是在保障储户利益的前提下进行的,然而对塞浦路斯的救助条件却十分令人意外,塞浦路斯国内对欧盟表示失望。

当时,关于欧盟是否继续执行对塞浦路斯的援助,特别是塞浦路斯是否退出欧元区的问题,已经引起全球金融界的关注,欧元区股市震荡明显。虽然塞浦路斯的经济体量在欧盟中占比不大,但其援助方案被视为未来救助西班牙、意大利等南欧诸国的范本。

---

① 李石凯、黎志健:《从塞浦路斯债务问题看欧债危机新动向》,《中国金融》2013年第8期,第84—85页。

其实,为维护欧元区的金融和货币政策的稳定,"三驾马车"已处于骑虎难下的位置,袖手旁观是不可能的(偶有严厉声明称,塞浦路斯如果不征收存款税,欧洲央行将停止对塞浦路斯银行的援助,这将导致塞浦路斯银行破产),但如何援助才能获得欧盟内部同意,避免引发其他成员国的不满呢?正如金融分析师所言,不管是……还是塞浦路斯的救援,市场有理由相信,悬而未决的问题终会被拖延至最后解决。① 因此欧盟只能不断施加压力,催促塞浦路斯尽快推出新自救方案。塞浦路斯是国际有名的避税天堂,俄罗斯客户一直是塞浦路斯银行的大客户。因此,塞浦路斯也曾向俄罗斯寻求援助,但俄罗斯并未给予积极回应。

2013 年 3 月 24 日,欧盟重新抛出 100 亿欧元援助的条件:关闭大众银行,保留塞浦路斯银行;增加企业所得税和资本收益税的利率;对国有资产进行私有化;缩减银行规模。这意味着大众银行内所有未保险存款与其资产将被转入塞浦路斯银行。塞浦路斯银行不得不对未投保的存款进行强制减记,以满足其资本重组的需要。这是欧美国家与塞浦路斯各方势力在投资流问题上的斗争结果,塞浦路斯作为在人口和地理意义上的小众国家,自动成了输家。

2013 年 3 月 28 日,关闭了 10 余天的塞浦路斯银行终于得以重新开门营业,"三驾马车"的援助解决了塞浦路斯的燃眉之急。幸运的是,市场并未出现挤兑浪潮。②

2013 年 8 月,塞浦路斯银行的资本重组终于得以完成。银

---

① 嵇晨:《"塞浦路斯效应"利好美股》,《第一财经日报》2013 年 3 月 25 日,第 A14 版。

② 李石凯、黎志健:《从塞浦路斯债务问题看欧债危机新动向》,《中国金融》2013 年第 8 期,第 84—85 页。

行将 47.5％的 10 万欧元以上无保险存款转换成股权（共计约 38 亿欧元），存款人根据损失比例分得塞浦路斯银行股权，获得银行投票权与股权分红。这虽对存款人来说并不是好消息，特别是对众多中小型企业存款的缩水化处理使得塞浦路斯整体经济和就业市场遭受重创，很多企业因为没有现金流而停业，但这一资本重组方案减轻了国家对银行业的扶持义务，使得塞浦路斯整体经济得以喘息。

经过此次银行危机，塞浦路斯的本土信用机构从原先的 15 家缩减至塞浦路斯银行、中央合作银行和俄罗斯商业银行等 8 家机构维持营业。

此外，塞浦路斯还实行资本管制措施，这与欧盟提倡的人力与资本自由流动的原则是相悖的，塞浦路斯也成为欧元区第一个实施资本管制的国家。[①] 管制措施包括每天限制取款 100 欧元、限制海外投资等，主要是为了防止出现大规模挤兑现象。资本管制直到 2015 年才得以解除。

经济危机使得塞浦路斯经济萎缩，2011—2015 年间塞浦路斯的 GDP 下降 10.1％，失业率增加 84.8％，全职就业率下降 13.6％，其中影响最大的行业是建筑业和采矿业等资本集中的行业。

好在塞浦路斯还算争气，后续的经济发展态势较为良好，到 2016 年基本实现经济发展目标。其实，2014 年时塞浦路斯的经济表现便好过市场预期。相比原先预计的 20％的经济衰退率，实际经济衰退率仅 5.4％，银行金融业维持稳定，预示着塞浦路斯已平稳度过此次金融危机。后续，塞浦路斯又通过一

---

① Scott Brown, Demetra Demetriou, Panayiotis Theodossiou. "Banking Crisis in Cyprus: Causes, Consequences and Recent Developments". *Multinational Finance Journal*, 2018, 22(1), p. 83.

系列紧缩措施自行融资 58 亿欧元,2016 年 GDP 较 2015 年增长 5.6%①,政府主权债务评价回升,提前退出"三驾马车"的援助计划。此外,在黎凡特海域勘探到的石油和天然气储备,预示着塞浦路斯今后不必再为经济烦恼。

但市场对银行业的信心仍未恢复,经济复苏主要依赖建筑业和旅游业。周边地区局势的不稳定和阔绰的俄罗斯游客的涌入,缓解了赴塞英国游客人数减少的影响。而建筑业的产值增长则归功于外国公民与公司对房地产的直接投资以及塞浦路斯放弃房产税、降低房产转让税。拉动外国直接投资的背后少不了黄金签证政策的推动,其中也不乏中国买家对塞浦路斯房产的关注。

2013 年,塞浦路斯推出黄金签证政策以吸引外国投资。通过购买岛上一定价值的新建房产,外国人即可快速获得塞浦路斯永久居留许可。相较普通移民冗长的审核程序,投资获得永居可大大缩短审核流程。最初推出该项目时,申请人可以在 2 个月内获得永居签证。而且塞浦路斯永居签证还享有其他福利。例如可以免签去所有申根签证国家,享受塞浦路斯的低税率;投资者可以在塞浦路斯居住和学习,1 人投资,全家都可享有永居签证,但永居签证持有者不能在塞浦路斯工作。

申请条件是投资者需要从开发商处直接购买 30 万欧元以上的新建房产,并在塞浦路斯银行储备 3 年及以上至少 3 万欧元的债券。如果增加一位签证依附者,则需额外增加 5000 欧元的债券存款。塞浦路斯并不要求投资者长期在塞浦路斯居

---

① In Cyprus. IMF: *Cyprus' Economic Growth Remains Strong*; *Debt Levels, NPLs Still a Problem*, https://in-cyprus. philenews. com/imf-cyprus-economic-growth-remains-strong-debt-levels-npls-still-a-problem/, 2019-06-04.

住,购置房产可用于自住,也可用于租赁以获得收益。投资者只需要每 2 年赴塞浦路斯一次即可维持签证的有效性。

还有一种途径是通过投资入籍,获得塞浦路斯黄金护照。当然入籍的要求更为严格,对投资资产要求更高。购买的房产价值至少要 200 万欧元,还需向塞浦路斯国家科研发展基金捐赠 10 万欧元以及向土地开发组织捐赠 10 万欧元。凭塞浦路斯的护照,即可获得欧盟成员国公民的资格,在欧盟境内自由往来、工作、学习和生活。虽然其他欧盟国家如葡萄牙、希腊等也有类似的投资移民项目,但塞浦路斯的优势在于快捷与便宜。投资 6 个月后即可获得公民身份。

投资移民计划确有奇效。2013—2018 年短短数年间塞浦路斯政府便通过该项计划吸引了 50 亿欧元的外国直接投资①,缓解了岛内经济的燃眉之急。

但随着项目推进日久,投资移民计划的弊端逐步暴露。欧盟多次关注到欧盟诸国的投资移民计划,严令禁止将欧盟公民身份作为商品出售。此外,该项计划也多次曝出丑闻,涉及政治腐败、洗钱和逃税避税等问题,甚至是为犯罪分子或被国际制裁人员提供便利。因此,自 2018 年起,该计划便趋于收紧,例如设定投资入籍人数限制(700 人/年),加大监管与背景审核力度,提高投资额度要求,等等。但疫情后,鉴于复苏举步维艰的建筑业的需求,塞浦路斯短期内不会放弃投资移民计划。

一路走来,塞浦路斯与欧盟的关系虽时有高潮,时有低谷,时有欢喜,时有失落,但总体而言双方愈趋亲近。2019 年,塞浦路斯已提交加入申根签证国家的申请,但截至 2023 年,尚未正

---

① Stelios Orphanides. *"Golden Visas" Risk Being Exposed to Fraud*, *Insider Says*, https://cyprus-mail. com/2018/07/22/golden-visas-risk-being-exposed-to-fraud-insider-says/,2018-07-22.

式获得加入资格。而英国脱欧引发的混乱也为塞浦路斯经济发展带来新的机遇。塞浦路斯的发展已与欧盟命运休戚相关。塞浦路斯作为东地中海的岛国,正积极发展与阿拉伯半岛国家的关系,延伸欧盟在东地中海的影响力。

"小"计划，大智慧

　　塞浦路斯因其特殊的地理位置和丰富的旅游资源,每年都吸引着来自世界各地的游客,其中以欧洲游客居多。现当代英国作家劳伦斯·达雷尔(Lawrence Durrell)在他的《苦柠檬》一书中这样描述塞浦路斯岛:"不同的命运交汇于此,触动和点亮了地中海东部一座小岛的历史,并赋予其意义和深度。"①作为受欧洲游客欢迎的度假胜地之一,塞浦路斯又被亲切地称为"欧洲的后花园"。

　　塞浦路斯地处亚洲西部,是坐落在地中海东部的一个岛国。其海岸线长 537 千米,北部山脉狭长,多丘陵;西南部山脉集中,地势较高;中部是美索利亚平原。其属于亚热带地中海型气候,夏季炎热干燥,冬季温和湿润。从空中俯瞰,塞浦路斯的形状就像一只在海里自在遨游的海龟。塞浦路斯岛上淳朴的民风和热情友好的民众也为这里的游览氛围增添了美好的人文色彩。说起在塞浦路斯岛旅游,首先映入游客脑海的一定是明媚的阳光、金色的沙滩、和煦的微风以及轻柔的海浪。还有什么能比躺在阿依纳帕的黄金海岸享受一场日光浴更舒服的呢?

　　从旅游资源开发的角度来说,塞浦路斯的海滨资源开发已经非常成熟。著名的海滨城市自西向东分别有帕福斯、利马索

---

① Durrell, L. *Bitter Lemons*. London: Faber & Faber, 1957.

尔、拉纳卡、阿依纳帕。由于远离重工业的侵扰,塞浦路斯的自然环境得到了很好的保护,这里的海水湛蓝,海滩以干净而闻名,并获得欧洲环境教育基金会(Foundation for Environmental Education,FEE)颁发的蓝旗海滩认证(蓝旗是被广泛认可的生态标志,嘉奖给高度重视环保的海滩和港口。被授予蓝旗的海滩必须通过水质、环境信息和教育、环境管理、安全和服务 4 个方面共 27 项标准的考核。对蓝旗港口的考核标准则有 16 项)。截至 2020 年,塞浦路斯共有 66 个蓝旗海滩和 1 个蓝旗港口。许多海滩都提供海上娱乐项目,如帆板冲浪、帆船滑翔伞、水肺潜水等活动,游客们还可以体验渔船海钓、游艇海钓、游轮海钓等不同的海钓项目。

与美丽的自然资源相比,塞浦路斯岛独特的人文景观近年来受到了更多的关注。除了享受浪漫的海滨之旅外,越来越多的游客开始寻访塞浦路斯岛古老而又神秘的内陆村落。位于塞浦路斯山区的一些村庄成了这些游客的新宠。大块的白色石墙、高耸的教堂钟楼、青石板铺就的乡间小路成了游人们驻足观赏的景点。蓬勃发展的乡村旅游,变成了塞浦路斯一张崭新的名片。

农村地区的发展和改革似乎是全球性议题。在一般情况下,尽管大部分的经济活动主要集中在城市,但是农村地区对一个国家的作用和贡献是绝对不能被忽视的。在农村的发展与改革进程中,挑战与机遇并存。如何让农村地区在不过度消耗自身资源的情况下稳步发展,逐渐提升地区经济水平,合理利用和开发地区资源优势?我们似乎能在塞浦路斯的乡村旅游计划这个"小"计划中发现一些关于农村改革发展和旅游产业振兴的大智慧。

塞浦路斯乡村旅游计划始于 20 世纪 90 年代初期,是由塞浦路斯旅游组织(Cyprus Tourism Organization,CTO)发起的,目的是通过科学且行之有效的方法开发农村地区的潜力,激发农村地区的活力,从而实现塞浦路斯的乡村振兴。起初,塞浦路斯的农村地区主要依赖农业生产来保证区域经济发展,但是这样传统的商业模式具有一定的局限性,随着时代变迁,贩卖最原始的农产品已经无法满足当地的经济发展了。后来,塞浦路斯旅游组织提出一系列改革方案,如整修翻新岛上一些著名古村落的建筑,开发和提供更多的旅游基础设施,发掘具有地方特色的手工艺品,将这些村落变为集吃、住、行、游、购、娱于一体的旅游度假区。

为了顺利实施这项计划,塞浦路斯旅游组织还联合了包括农业部、商务部、民间艺术中心、博物馆等在内的一些政府和非政府组织,提出了包括经济补贴、就业培训、基础设施建设等在内的一系列相关方案。在得到相关部门的认可和支持后,这项计划得以顺利实施。古村落中的传统建筑开始被修复,改造成民宿、展览馆、小酒吧、咖啡厅、纪念品商店等。乡村旅游已具雏形,吸引了大量游客。

2004年,塞浦路斯成为欧盟的正式成员,乡村旅游计划也进入了一个新的发展阶段。整个塞浦路斯岛内陆腹地中的村落都被纳入改造范围。同时,一项新的乡村旅游财政计划也取代了之前的方案。这项新的计划增强了对与乡村旅游相关的中小企业的财政支持,鼓励企业积极开发乡村旅游基础设施,形成农产品消费与游览服务消费相结合的乡村旅游产业,打造旅游产品多样化的度假胜地。

塞浦路斯的乡村旅游全年开放,这在一定程度上解决了当地海滨游的季节性问题,拓宽了当地旅游发展的空间。随着乡村旅游发展的逐渐成熟,塞浦路斯还在此基础之上开发了主题旅游。

宗教旅游是当地发起的具有特色的主题旅游之一。众所周知,塞浦路斯希族人主要是东正教徒,许多古村落都具有浓厚的东正教色彩。此外,还有星罗棋布的天主教堂、基督教堂和古老的修道院,它们都在无声地诉说着当地人的虔诚信仰。帕尼伊里节(Paniyiri 或 Panigiri)是一个有着数百年历史的希腊传统节日,塞浦路斯的许多村庄也会庆祝这一节日。在这一天,村民们齐聚教堂,感谢圣人的庇护,所有人一起载歌载舞,欢声笑语。帕尼日主题旅游深受游客喜欢。宗教旅游计划的提出,受到许多信徒和朝圣者的欢迎,许多村落中的古老教堂和修道院再次焕发新的生机。

目前,塞浦路斯旅游组织正在研究和开发更多主题旅游项目。利用山区的自然地貌修建游步道和自行车道的山地游,以健康休闲为主题的温泉养生游,为吸引高端消费而计划的高尔夫运动游,等等,都是塞浦路斯乡村旅游计划未来将会重点开发的项目。

如果说塞浦路斯的海滩像散落在这座小岛上的珍珠,那么内陆的古村落就像一颗一颗闪亮的宝石,散发着别样的光彩。这里的村庄大多拥有丰富的人文历史和得天独厚的自然美景。很多古村落融合了绝美的自然环境与传统的建筑景观,经过改造和修缮以后,古今辉映,相得益彰。当地人始终以热情而友好的塞浦路斯传统方式欢迎着来自世界各地的游客。这样的游览环境在人与自然之间实现了一种平衡,显得那么和谐。在游览乡村的美景时,游客能欣赏山区和沿海的传统村庄,体验简单而宁静的岛民日常生活,了解当地流传已久的民俗习惯,融入周围的田园生活,体验岛上独特的传统饮食。

奥莫多斯村(Omodos)、卡科佩特里亚村(Kakopetria)以及卡洛帕纳伊奥蒂斯村(Kalopanayiotis)便是经由乡村旅游计划包装营销后焕发新生的 3 个著名古村落。

奥莫多斯村位于利马索尔市西北约 42 千米处,在查波塔米河(Cha-potami)的西岸,平均海拔 810 米。这个村庄被高山环绕,其中最高的两座山是 1153 米高的阿法姆斯(Afames)和1092 米高的劳纳克雷莫斯(Kremmos of Laona)。年平均降水量为 760 毫米。正是由于这得天独厚的地理环境,这里种植了大量的果树(苹果树、李子树、梨树、杏树、桃树等),还有以酿制葡萄酒而闻名的葡萄庄园。奥莫多斯村大约形成于拜占庭时代末期或法兰克统治初期。根据史料记载,艾萨克·科穆宁被英国"狮心王"理查德击败后,逃往查波塔米河岸的库佩特拉(Koupetra)避难,并在此建立了定居点。后来双方进行会谈、休战、和解,位于山里的定居点也就随之解散了。但是人们早已习惯了这里的生活,于是四散在这片区域之中,围绕圣十字修道院建立了新的定居点,取名奥莫多斯。

这座村庄名字的由来,有 3 种有趣的说法。第一种说法是,它来自塞浦路斯的希腊语单词"modos",意思是"花点时间"。传说库佩特拉的居民在晚上发现对面的山上有灯光,便去查看发生了什么事。他们发现灯光是从茂密而又布满荆棘的丛林深处发出的,为了探究光源,他们披荆斩棘,开辟了一条通向里面的道路,最后他们发现了一个十字架和燃着蜡烛的山洞。他们认为这是一种冥冥之中的指引,于是修通了许多通往周围村庄的路。每当遇到困难时,当地人总会用"me to modo sou"(意思是"花点时间,小心行事")来勉励自己。第二种说法是,村庄的名字取自副词"omou"(带有)和单词"odos"(街道),形成了 Omodos。第三种说法是,该村庄可能是以当时居住在该地区的封建领主霍莫德斯(Homodeus)的名字命名的。

奥莫多斯是一座风景如画的村庄,建在半山腰上,在翠绿的藤蔓之间,四周被群山环抱,仿佛被精心摆放。村庄的中心是独具中世纪魅力的圣十字修道院,周围散布着狭窄的石板巷和石头房子。家家户户都种有鲜花、绿树,置身其中仿佛来到了童话王国。走进一座房子,能看到细长的房间、木制的门窗、瓷砖铺就的屋顶和露台,这是这里的建筑特色。屋内高高的床、蚊帐、秸秆制作的椅子、柳条制作的脏衣篮,以及火炉、烟囱、铜制的炊具,无一不带着一点历史感和艺术感。当然,如果有心,在每家的储藏室中都能发现存放葡萄酒的红色大罐子,有的人家还有自制葡萄酒的大锅炉、葡萄研磨机等,可见这里真是名副其实的葡萄酒之乡。

自古以来,奥莫多斯就以其甘甜的葡萄和美味的葡萄酒而闻名。据说,品质优良、香甜可口的葡萄酒阿法姆斯得名于村庄东面背靠的那座山,而且因其声名远播,还曾导致嗜酒的苏丹塞利姆二世(Selim Ⅱ)前来征服塞浦路斯岛,就是为了将这种著名的葡萄酒据为己有。距村子的圣十字修道院不远的地方,有一家著名的中世纪酿酒厂,它的存在证明了奥莫多斯自古以来就有生产葡萄酒的传统。奥莫多斯的居民除了种植葡萄并生产优质的葡萄酒和传统酒(zivania)外,还制作soutzoukos(杏仁黏)、palouze(果冻)、kkiofterka(菱形状干果冻)和koulourka(面包干)。奥莫多斯的arkatena koulourka(脆脆的面包干,含酵母)在塞浦路斯也广为人知。此外,当地香甜的水果还会被用来制成一些口味极佳的糖果。除了美食出名以外,当地精美的工艺品也受到游客的青睐。该村的妇女会手工编织和刺绣,制作精美的锦缎、桌布、被套等。

卡科佩特里亚村位于首都尼科西亚西南约55千米处,距塞浦路斯第二大城市利马索尔约55千米,建在特罗多斯山的山麓上,主要分布在山脉北侧。其海拔 667 米,是索里亚山谷中最高的村庄,气候干燥,年平均降水量约为 648 毫米。该村庄种植的果树主要是苹果树、梨树、李子树、杏树、桃树和樱桃树。这一地区以其苹果的品质高而闻名。这个美丽而又富饶的村庄被卡戈蒂斯河(Kargotis)和加里里斯河(Garillis)两岸茂盛的植被环绕。两条河在村庄内汇合,形成了克拉里奥斯河(Klarios),穿过索里亚山谷,然后流入北边的莫夫湾(Morfou)。

　　村庄的名字由来,也有 3 种版本广为流传。据说 Kakopetria 是由"kako"(不好的、坏的)和"petra"(石头/岩石的)两个词组成的,因为这里早期布满岩石,难以攀登,进出村子非常麻烦,所以村民们就将此地取名为"坏石头村"。还有一种说法是在村庄入口处的大桥附近,有一块大岩石,称为"夫妻岩"(Petra tou Androgynou)。按照当地传统,新婚夫妇会坐在这块岩石上。突然有一天,岩石翻滚,一对新婚夫妇被埋。在此事件之后,村民将这块岩石命名为"Kakopetra"(坏石),然后村庄也被叫作"坏石村"。第三种说法是,马拉塔萨(Marathasa)曾有一位贵族,育有 3 个儿子。他们是尼克斯(Nikos)、帕纳吉奥蒂斯(Panagiotis)和佩特里斯(Petris)。佩特里斯非常调皮、淘气。他的兄弟们要求父亲把他送走。而父亲为了磨炼佩特里斯,将他送到了山的另一边。就这样,佩特里斯成为这里的第一个定居者。这个村子就用"kakos"(不好的、坏的)和"petris"这两个词命名,因此得名"调皮的佩特里斯"。而他的另外两个兄弟也各自创建了自己的村庄,尼克斯建立了村庄 Oikos,善良的帕纳吉奥蒂斯建立了 Kalopanagiotis 村庄(Kalos 意为"好的、善良的")。

　　其实,中世纪的学者就曾提到过 Kakopetria 的定居点至少在鲁西格南统治时期就存在了,它在旧地图上被标记为

Cacopetria 或 Chachopetria。甚至在拜占庭时代之前,该地区很可能就已经有定居点了。1938 年在老村庄周围进行的考古发掘也证明了最早在 6—7 世纪这里就有人类活动的痕迹。在发掘过程中,出土了与崇拜阿佛洛狄忒有关的神柜,还有大量描画爱与美神的赤陶制品和一些小的石灰石大力神像,说明了这是当时人们的崇拜对象。还发现了青铜矛头、铁器和箭镞等,这也进一步佐证了当时的科技发展。据说,这些发现很可能追溯到塞浦路斯的远古时代。现在这些文物均可在尼科西亚考古博物馆中找到。

卡科佩特里亚村沿河谷建造,分为新村和老村。新村坐落在山谷的东部,拥有大型现代化房屋,建于坡地和河岸边。老村则建在山谷西部和两条河流之间。房子的屋顶倾斜,几乎所有的房子都有较高的楼层和一个木制阳台。1922 年左右,新村开始兴建房屋,也是在那个时候种下了许多树木,现在它们已经长成参天大树,为这里的人们带来夏日的凉爽。卡科佩特里亚村多年来一直以蚕桑育种、丝绸生产和加工而闻名,在第二次世界大战期间,英国人还曾从这里抢走了所有的丝绸产品用于制造降落伞。现如今卡科佩特里亚村不仅因其凉爽的气候、如画的风景吸引了许多游客前来度假,而且因其闻名遐迩的水果、手工艺品等获得了大量的订单,开辟了属于自己的乡村致富之路。

卡洛帕纳伊奥蒂斯村位于特罗多斯山北面的塞特拉乔斯(Setrachos)河畔的长青谷中,距首都尼科西亚和第一大港口城市利马索尔约 70 千米,是马拉塔萨地区(塞浦路斯山区最多的地区)的 14 个村庄之一。

卡洛帕纳伊奥蒂斯村所在的这片广袤的山谷腹地一直都广为人知,但直到 11 世纪之后才逐渐被人们开发成村落。据说这一地区的泉水在梭伦王（King of Solon）统治时期被献给希腊神话中的医神阿斯克勒庇俄斯（Asklepios）用来治愈疾病，具有神奇的功效。后来，人们在这附近建起修道院、教堂、广场以及"水疗中心"。所谓的"水疗中心"就是在泉眼处凿出的一处石盆，每天都会有络绎不绝的"病人"前来接水。其实，这水是从塞特拉乔斯河流出来的一个小分支，并没有什么特别之处，不过由于地处山区，水源从未被污染，溪流中确实富含丰富的矿物质、硫化物等成分。如今游客们依然可以在村里修道院附近威尼斯桥（Venetian Bridge）不远处看到这个古老的"水疗中心"。

卡洛帕纳伊奥蒂斯村在建立之前，就已经因为泉水的传闻而名声大噪。4 世纪，罗马帝国颁布"米兰诏令"（Edict of Milan）结束了对基督教的迫害，这也深深影响了远在塞浦路斯的信徒。人们开始在这里建造教堂和修道院，其中最出名的是圣约翰修道院（Monastery of St. John），也正是这座修道院吸引了信徒帕纳约蒂斯（Panagiotis）的到来。起初人们来到这里是为了饮用"圣水"，没有人选择长期留下来。信徒帕纳约蒂斯为了坚定自己的信仰，并且方便在修道院服侍，选择定居在此，建立了自己的家庭，并修建了自己的小教堂。后来，其他人也陆陆续续在此定居，成立家庭，修建小教堂。这里最早一批定居者还有塞尔吉乌斯（Sergius）、阿塔纳西修斯（Athanasius）、乔治（George）和洛德（Lord）。他们 5 个独立的家庭各自拥有自己的小教堂，在不断的发展过程中，村落规模逐渐扩大。1614 年，村庄被毁，定居者四散，后来通过回归、与周围村落的融合，定居者人数有所增长，这里再次形成了村落，这个村子也在不断的融合与发展中逐渐形成如今的规模。

村庄最初是以定居者帕纳约蒂斯的名字命名的。随后，法兰克人将此地命名为卡索帕纳伊奥蒂斯(Casale Panayiotis)。在英国统治时期,塞浦路斯地图正式使用,该村庄也被纳入地图并最终命名为卡洛帕纳伊奥蒂斯。

现在到此观光的游客都会选择好好享受村子里的温泉水疗馆,这里的民宿和酒店一般都会提供水疗服务。此外,参观村子里著名的兰帕迪斯蒂斯修道院(Lampadistis Monastery)也是必选项目。这座修道院修建于中世纪,是塞浦路斯岛 10 座被联合国教科文组织列为世界文化遗产的教堂和修道院遗迹之一。这座建筑由 3 个小教堂组成,内部还有保存完好且色彩明艳的壁画。这里埋葬了传道士约翰·兰帕迪斯蒂斯(John Lampadistis)。修道院旁边是拜占庭博物馆,里面收藏的手工艺品已有数百年的历史。修道院不远处就是威尼斯桥。站在这座建于 16 世纪的石桥上,游客能看到桥下塞特拉乔斯河的涓涓细流,听着水流声与两岸的鸟鸣,感受这座古老村落的别样魅力。最后,在村口的小酒馆,点一份当地传统美食——肉末烤意面,再配一杯塞浦路斯白兰地,充分地享受惬意的乡村之旅。

除了前面介绍的 3 个著名古村落以外,在塞浦路斯受益于乡村旅游计划经翻修、改造成为著名旅游景点的村庄还有很多,而且每个村庄都有自己的独特之处。

位于利马索尔地区的普拉特斯村(Platres),降水量是全岛较多的地方之一,因此植被茂密,空气清新,气候宜人,各种建筑在山间高低排列,错落有致。

位于帕福斯山区的帕纳贾村(Panagia),风景如画,是塞浦路斯共和国第一任总统马卡里奥斯三世的出生地。这个村庄以其独特的野生动植物而闻名,其中包括南欧盘羊(mouflon)。这是南欧特有的一种野生羊,由于濒临灭绝而受到塞浦路斯和国际社会的法律保护。此外,这里也以种植葡萄闻名,该地区被塞浦路斯的葡萄酒鉴赏家认为是全岛较好的葡萄种植区之一。

托奇尼村(Tochni)是拉纳卡地区的一个村庄,位于拉纳卡和利马索尔两个城市之间,有近200年的历史。在中世纪的地图上,托奇尼村被命名为托格尼(Togni)。很多历史学家通过研究证明了这个村庄在中世纪就已经存在的事实。现在这个村庄通过乡村旅游计划,被列为旅游度假村,这也使村中许多原始房屋得到了很好的修复,很多传统的塞浦路斯石屋被完整地保留了下来。村庄里有一处拉丁教堂遗址,还有一个东正教堂。现在村民使用的教堂据说也是在一个古老的教堂原址上进行重建的。

莱夫卡拉村(Lefkara)是塞浦路斯民间针织手工艺的诞生地。著名的莱夫卡拉刺绣(lefkaritiko)使这里声名远播,许多欧洲人都非常认可这里的手工艺品。这种刺绣也最能代表当地的传统刺绣工艺。刺绣结构严格按照独特的设计顺序,图案的填充是在裁剪和缝线之间交替进行的,力求创造立体的美感。刺绣的材料一般使用天然的亚麻和一些浅色的线。据说文艺复兴时期的大画家列奥纳多·达·芬奇应塞浦路斯女王凯瑟琳·科纳罗的邀请,曾于16世纪访问塞浦路斯期间参观莱夫卡拉村,并且购买了这里的刺绣制品捐赠给米兰大教堂。莱夫卡拉刺绣在2009年被列入联

莱夫卡拉村/卢星摄

合国教科文组织的人类非物质文化遗产代表作名录中。除了刺绣以外,这个村子还生产许多其他精美的手工艺品,如陶器、铜器、银器、手工编织的篮子等。由于村子离海边不远,因此这里商品贸易比较发达,手工艺品也备受欢迎。其商品贸易于 19世纪末开始兴起,并在 20 世纪蓬勃发展。

加拉塔村(Galata)位于首都尼科西亚以西 60 千米处,在美丽的索里亚山谷中,海拔高度为 620 米。美丽的克拉里奥斯河在村子中间川流不息,将它与附近的卡科佩特里亚村相互联结。这里以大量种植的各种新鲜可口的水果和蔬菜而闻名,其出产的苹果、杏、桃子、樱桃、李子、葡萄等都是当地备受欢迎的水果。这个小村庄全年无休,每年都能接待成千上万的游客前来度假休闲。游客可以坐在村中广场的橡树下,感受树影婆娑、流水潺潺,一定能留下最难忘的美好回忆。

自塞浦路斯旅游组织于 20 世纪 90 年代初期针对岛内旅游资源分配不公平、旅游发展水平不均衡的问题发起乡村旅游计划以来,通过对沿海和内陆地区的古村落进行改造、整修,新建民宿、娱乐设施,成功地吸引了大量塞浦路斯内外短期度假或长期定居的游客,不仅提高了这些农村地区的经济水平,而且形成了一条完整的乡村旅游产业链。

这项计划的目的是通过旅游推动乡村振兴,由旅游业带动当地财政收入,提供更多岗位以促进当地就业,帮助解决乡村人口流失问题。计划提出恢复古村落的古香古色风情,包括修复传统建筑、修建仿古街道、扩大公共空间、打造"明星"景点,以此保留村庄中的地方特色,在吸引游客的同时提高当地居民的生活质量。所有被纳入乡村旅游计划的村落的民宿、酒店、餐馆、饭店等,都由塞浦路斯旅游组织依照其改造和修复的情况进行分类、分等,并由其审查和监管所有项目,以保持当地旅游产品结构和服务质量。塞浦路斯旅游组织还在制订计划的基础上开展市场推广活动,与项目参与者和乡村政府合作,并建立专项的联络管理部门;同时为当地手艺工匠提供技术指导,向当地居民进行义务宣传,以提高他们的旅游服务意识,使他们重视旅游服务的价值。此外,塞浦路斯旅游组织还积极协调区域内游客的活动范围和景点规模,确定不同村落集群的地方特色,包括当地的节日、遗迹、动植物、特产等。事实证明,这项计划取得了一定的成功,加强了对乡村资源的开发与投资,提高了农村地区的经济收入,也让很多塞浦路斯人认识到文化遗产的重要价值。

经过十几年的发展,塞浦路斯的乡村旅游产业已经逐渐趋于成熟,也进入了一定的瓶颈期。出于商业目的,自然淳朴的乡村地区被过度开发,这激起了当地居民的不满情绪。曾经宁静的世外桃源,如今却因为每年大批游客的到访变得喧嚣嘈杂。遇到旅游旺季的时候,拥挤的车辆甚至能导致乡村交通的瘫痪。由此带来的一系列问题,引发了许多争议。例如,环境保护问题引来了环保人士的反对和抗议;商业模式的引入带来物价上涨问题;政府对区域的开发与当地居民的土地使用矛盾;等等。旅游业的发展像一把双刃剑,在解决了现有问题后,随之也会产生新的其他问题。如何才能做到在保证利益最大化的同时减轻矛盾、减少冲突?这可能是一个全球性议题。然而,塞浦路斯给出的答案却与中国提出的发展方案不谋而合——走可持续发展道路。

近年来,乡村旅游的可持续发展已经成为塞浦路斯旅游发展的新议题。这一热点也在塞浦路斯外交部 2017 年发布的《落实 2030 年塞浦路斯可持续发展议程》白皮书中初露端倪。其中提到了"制定和执行旅游部门的综合战略,扩大海事和基础设施建设,实现旅游服务的现代化"①。"提高塞浦路斯农业竞争力,实现乡村复兴。增加有机农耕;鼓励农民,尤其是年轻劳动力回归农村以增加乡村人口;在进行可持续农业生产的同时减少污染等。"②另外,塞浦路斯旅游部也专门在《2030年国家旅游战略》中重点强调了可持续发展对塞浦路斯旅游未来发展的重要性。其中第一点便是:"首先,我们的《2030年国家旅游战略》的愿景,很明显,应该是以可持续的方式发展塞浦路斯的旅游业,这将对我们的经济、社会和环境产生积极影响。这一愿景已经并将永远成为旅游部的指导原则。我们坚信这一原则的意义不仅仅是为了提升前来本国旅游的游客数量,还在于整体开发岛内的旅游资源并以可持续的方式管理旅游业,以便更好地服务游客和岛上的居民,使他们都能享受这座岛屿。我们拥有一座美丽的岛屿,岛上有宜人的气候和令人羡慕的生活方式。因此,我们最重要的目标应该是从大局观角度看待旅游业,为后代保护这些财富。"③

可持续发展这一理念,在现阶段的塞浦路斯乡村旅游发展中是非常必要的。一方面有助于平衡旅游资源,另一方面有利于保证旅游业由量变到质变的提升。虽然乡村旅游计划实施至今已有几十年,但是岛内仍有很多地区尚未受到关注,更不用说受益于旅游业带来的经济增长。然而,与之形成鲜明反差的是,一些开放较早的地区由于过度开发、游客迅猛增长,地方资源明显处于超负荷运转状态,自然资源也大量被破坏。可持

---

① 详见塞浦路斯外交部于 2017 年发布的《落实 2030 年塞浦路斯可持续发展议程》。

② 详见塞浦路斯外交部于 2017 年发布的《落实 2030 年塞浦路斯可持续发展议程》。

③ 详见塞浦路斯旅游部于 2020 年发布的《2030 年国家旅游战略》。

续发展理念的实施,可以使这些分配不均的旅游资源得到重组、再分配,也可以使发展薄弱的地区得到进一步强化,使发展"用力过猛"的地区从注重游客数量转变为注重服务质量。塞浦路斯可通过旅游资源的区域性、季节性等特征,实现乡村旅游的可持续发展。

除了乡村旅游外,整个旅游产业对塞浦路斯来说都非常重要,甚至被称为塞浦路斯的经济命脉。塞浦路斯政府也明确了未来 10 年的可持续发展计划,提出分阶段、分层次改善和发展塞浦路斯旅游业。分阶段是指将旅游业未来 10 年的发展计划分为短期(2020—2022 年)、中期(2023—2025 年)和长期(2026—2030 年)计划。在不同发展时期,要实现不同的目标。分层次是按照发展目标,将计划分为 4 个部分:将塞浦路斯建成全年无休的旅游目的地;提供高质量、好口碑的旅游服务;打造智能化、数字化的旅游目的地;使本国居民从旅游产业中受益。

建成全年无休的旅游目的地旨在以阳光沙滩为名片,在国际社会宣传推广塞浦路斯的旅游特色,同时发展塞浦路斯与更多国家的航空交通联系,使客源国和游客市场变得更加多样化。提供高质量、好口碑的旅游服务是指支持对旅游产品的投资,提高旅游产品价格的竞争力,通过相关法律规范商家服务,游客可以购买到物有所值的产品。打造智能化、数字化的旅游目的地意在利用网络进行口碑宣传,通过奖励政策鼓励游客多次旅行。使本国居民从旅游产业中受益是指将旅游业的财政收入按一定比例在全岛进行分配,尤其是乡村或山区,并且用来支持其他产业如食品业、农业等的发展。

此外,对可持续旅游这一主题,塞浦路斯旅游部还提到了不应该忽视对环境的保护。如何减少空气污染,控制二氧化碳的排放,如何更好地保护海洋,如何平衡乡村开发和森林保护,旅游景区的垃圾处理问题,等等,都是未来塞浦路斯旅游业发展面临的挑战。总之,未来已经悄然而至。在这个充满挑战又令人兴奋的时代,塞浦路斯的乡村旅游将会继续大踏步地向前发展,整个塞浦路斯的旅游业也将在可持续发展这一宏观理念的指导下不断滚动向前,在发展繁荣经济的同时,统筹解决由此衍生的问题。

历史的馈赠

地球在漫长的发展中孕育了人类，人类在悠久的岁月中创造了璀璨的文明。塞浦路斯就是这么一座汇聚了各种不同文明的宝库，在这里人类文明最早可追溯到远古的石器时代。后来，古希腊、古罗马文明在这片土地上扎根、生长、绽放。此外，还有拜占庭、奥斯曼、法兰克、威尼斯文明等不同时期的人类文明在此汇聚交融。

丰富多元的人类文明历经沉淀，成就了塞浦路斯独特的历史，从而形成了这个国家自己的民俗、传统和文化。在这里，我们能充分体验到真实的地中海文明，全方位领略岛上旖旎绮丽的自然风貌，触摸和感知千百年来的沧桑变化，同时还能感受到来自塞浦路斯人的热情和友好。下面就让我们一起踏上一段美好的旅程，探寻岛上那些历史馈赠的文化瑰宝。

世界遗产

塞浦路斯悠久的历史在时光的雕琢下为世人留下了 3 处闻名遐迩的世界遗产：乔伊鲁科蒂亚村庄遗址、帕福斯考古遗址（Pafos Archaeological Site）以及特罗多斯地区的彩绘教堂（Painted Churches in the Troodos Region）。

乔伊鲁科蒂亚村庄遗址位于拉纳卡区，坐落在距塞浦路斯南部海岸约 6 千米的山坡上，四周被马罗尼河（Maroni River）环绕。它的建成时间最早可追溯到石器时代，现存的建筑多为公元前 7 世纪到公元前 4 世纪所建。这个村庄遗址的面积约为 3 万平方米,是地中海东部重要的史前遗址之一。它的发现证明了早在 9000 年前就有来自东部大陆的人类成功登陆该岛,并且在这里繁衍生息。它的重要意义在于证明了一个以集体聚居形式生活且有组织的社会的形成。如今我们还能在这个遗迹中看到为保护聚居区而建立的环绕式防御工事。1998年,乔伊鲁科蒂亚被联合国教科文组织列为世界文化遗产。

考古发现,乔伊鲁科蒂亚人的生活以耕种和放牧为主,四周的河水形成了天然的屏障,保护村庄不受野兽的攻击。此外,这里的定居者还修筑了又厚又高的石墙用来保护村庄。那么他们是如何进出村庄的呢?考古学家在遗址所在的山顶上发现了一个相对复杂的建筑系统。研究证实,那才是通往村庄的入口。只有通过这样特定的入口,村民们才能进入村庄。墙内村庄里的各种建筑都是由泥砖和石头建造而成的圆形房屋,屋顶平整。

这里的房子分别由几组圆形的石屋环绕组合而成,石屋组中间的空地形成了一个天然的小院子,可能是屋里成员活动的场所。石屋根据功能可以划分为休息区、储物区等,屋内有可用于取暖或烹饪的壁炉,以及洗手池。从这一建筑特点中可以发现,当时的人们已经具有了一定的家庭概念。同一家庭的成员聚居在一个房子里,家庭成员即使去世了也会被埋在房子里。考古学家从房屋的夯土地板下面的发现中证明了这一点。这里出土的火石工具、人骨工具、狩猎石器和动植物遗骸都对该地的考古工作具有重要的研究价值,其中石刻人像的出土被认为与当时的丧葬文化具有一定紧密的联系,从某种意义上说,这也反映了当时人类的祖先崇拜文化。目前这些文物都被保存在塞浦路斯博物馆中。

乔伊鲁科蒂亚文明是塞浦路斯已知的最早的人类文明,具有较严密的组织和较发达的社会形态。这里的人们种植、狩猎、放牧,谷物是主要的农作物。人们也在附近的野果树上摘取果子,如无花果、橄榄、梅子等。在这一处遗址中主要发现的动物遗骸有鹿、绵羊、山羊和猪。公元前 6000 年左右,乔伊鲁科蒂亚由于未知的原因被废弃。人们认为在这之后的约 1500 年间,塞浦路斯岛上一直无人居住,直至索提拉族(Sotira Group)的出现。①

1934 年,塞浦路斯文物局主任波菲里奥斯·迪凯奥博士(Dr. Porphyrios Dikaios)发现了这处遗迹。他将初步调查的结果发表在希腊学术杂志上,并于 1934—1946 年间先后组织了 6 次发掘工作。20 世纪 70 年代初期,这一遗址得到了进一步的开发,后来发掘工作由于 1974 年的变故而一度中断。1977 年,法国人阿兰·勒布朗(Alain Le Brun)恢复了此地的发掘工作。

从遗址的规模和建筑复杂程度也能看出,当时的人类已经形成了一定的社会集体意识,能够在结构化的社会中为了共同的利益而进行组织计划、明确分工。《世界遗产公约》中这样评价:"乔伊鲁科蒂亚是一个保存完好的考古遗址,已经并将继续为研究亚洲文明向地中海世界的传播提供非常重要的科学数据。"②

帕福斯考古遗址是由帕福斯新城和库克利亚村(Kouklia)两处遗址共同组成的,早在 1980 年就被联合国教科文组织列

---

① 详见塞浦路斯文物局官网,http://www. mcw. gov. cy/mcw/DA/DA. nsf/All/4EF92D50616EFE49C225719B00314171? OpenDocument,2021 年 4 月 1 日。

② 详见联合国教科文组织世界遗产委员会官网,http://whc. unesco. org/en/list/848,2021 年 4 月 1 日。

为世界遗产。帕福斯新城遗址包括帕福斯新城和距它北面稍远一点的国王陵墓(Tafoi ton Vasileon)遗址。库克利亚村中有价值的古迹有阿佛洛狄忒神庙、帕福斯老城的遗迹等。

帕福斯新城又被学者们认为是阿佛洛狄忒的圣城遗址(Aphrodite's Sacred City)。根据史料记载,这里是由帕福斯老城的最后一位国王尼古拉斯(Nicocles)于公元前4世纪末建立的。公元前3世纪初,当塞浦路斯成为托勒密王国的一部分时,帕福斯新城就成了当时塞浦路斯的政治和经济中心。随后这里一直都发挥着重要的作用。公元前58年,塞浦路斯被罗马帝国占领与统治,但帕福斯新城依然被视作当地的首都,继续保持着中心地位。直到4世纪这里发生了灾难性的地震之后,首都才转移到萨拉米斯。即使如此,帕福斯新城仍在塞浦路斯的各城之中具有不可替代的主导地位。7世纪中叶,这里遭到了阿拉伯人的突袭,经历了持续几个世纪的衰落期,规模也因此缩小了许多。在拜占庭时期和中世纪时这里又恢复了些许昔日荣光。但从威尼斯时期之后,居民开始向内陆迁移,这里就被废弃了。

国王陵墓遗址是一片地下古墓群。许多墓葬的时间都可以追溯到公元前4世纪。这里的古墓都是用坚固的岩石雕刻而成的。虽然这里被称为国王的陵墓,但其实并没有埋葬任何一位国王,当地人取这个名字是因为这个"名不副实"的名字更能体现宏伟的意思。考古发现,这里的墓主人多为当地古代的贵族和一些高官。从外形来看,有的墓葬建造得如同墓主人生前居住的房屋,有的墓葬还带有立柱和壁画。考古学家根据挖掘出的陪葬品确定了墓葬的时间,同时也为研究希腊文化在东地中海地区和罗马时期的存在提供了一定的佐证材料。这片墓葬区在数百年间经历了大大小小不计其数的盗取和挖掘,许多有价值的陪葬品早已不知去向,但经过抢救性保护,考古学家们还是发现了一些有价值的物品,尤其是后来出土的陶罐,因为其手柄上都印有制造时间,这也为研究古墓的历史提供了有价值的信息。除了人为的非法盗掘外,由于墓葬群靠近海边,受到气候等自然因素的影响,这里的文物保护工作面临着许多困难。目前当地专家学者对这里的科学保护和研究工作仍在继续。

库克利亚村距塞浦路斯现在的海滨城市帕福斯约 16 千米,传说是希腊爱与美神阿佛洛狄忒的诞生地。得益于爱神在古欧洲神话中的崇高地位,从公元前 1200 年左右开始,帕福斯老城就成了重要的宗教中心,在塞浦路斯乃至整个地中海地区都享有盛名。当时帕福斯也是一个王国,而这座城市就是该地区的首都。公元前 4 世纪末,由于各种原因,首都搬迁到了位于西部约 16 千米处新建成的帕福斯新城,但位于旧都的阿佛洛狄忒神庙的祭祀活动并未因此而消失,这里依然具有重要的影响力。在罗马时期,这里还是新成立的塞浦路斯联合会(Koinon Kyprion)所在地。

整个库克利亚地区全是重要的考古遗址,其中包括阿佛洛狄忒神庙、周围的城市以及防御工事等遗迹。精美的马赛克作品《丽达与天鹅》(*Leda and the Swan*)是该地区罗马别墅遗址中出土的文物,代表了这一地区在 3 世纪时高超的艺术水平。经过几十年的考古发掘,这一地区还出土了大量的武器,如矛头和箭,还有许多建筑碎片、石弹以及发射弹丸的坡道等,许多雕塑碎片的历史可追溯到公元前 7 世纪至公元前 6 世纪。在这些文物中,最重要的发现是牧师国王的雕像,以及 2 个漂亮的梳着埃及短发的女首领的雕像。

由于雨水充沛,库克利亚村的土地肥沃,当地种有葡萄、香蕉、柑橘、鳄梨、杏、猕猴桃、橄榄、豆类、花生以及多种蔬菜。现在这里的村民除了从事农业活动以外,还有很多从事与旅游相关的工作。美丽的海滨风貌配上璀璨的古代文明,不仅为当地居民提供了更多就业岗位,也使该地成为游客参观游览的打卡胜地。

特罗多斯地区的彩绘教堂位于特罗多斯山区内,是拜占庭时期较大的教堂和修道院。特罗多斯山是塞浦路斯最大的山脉,位于该岛的中心。它的最高峰是主峰奥林匹斯山,高1952米。山脉横跨塞浦路斯西部的大片区域,山上有许多避暑胜地、拜占庭修道院和教堂。自古以来,这里以矿山而闻名,数百年来这些矿山一直为整个地中海地区供应铜。由于地处内陆,远离不稳定的海岸,这里在拜占庭时期成为艺术的中心,因此也成就了如今的彩绘教堂。

彩绘教堂/卢星摄

1985年,特罗多斯地区的彩绘教堂被联合国教科文组织世界遗产委员会批准列入世界遗产名录(2001年扩大了范围)。

世界遗产名录中收录了这里的 9 座教堂遗迹,它们全部用彩色壁画装饰,代表了塞浦路斯拜占庭时期的绘画艺术,并见证了500 年来影响塞浦路斯的各种艺术。教堂外部的建筑结构独具塞浦路斯风格,陡峭的木制屋顶、平行的磨瓦,都是根据山上的地貌、气候以及当地的历史而设计并修建的,教堂内部的建筑风格又受到拜占庭文化的影响,砌筑圆顶、拱形的内屋屋顶都展示了拜占庭风貌中最高水平的艺术风格。此外,人们还在这里发现了大量的碑文,用于记录拜占庭时期的绘画年表。这些中世纪的碑文在地中海东部一带罕见,因此它们具有很高的研究价值。

　　当然,壁画是这里最具研究意义和艺术价值的重要文物。圣尼古拉斯(St. Nicholas)教堂和帕纳贾 · 福尔维蒂萨(Panagia Phorbiotissa)教堂的穹顶上都保存了 11 世纪的肖像画。圣约翰(St. John)教堂和帕纳贾(Panagia)教堂的壁画展示了 13 世纪的画像,反映了拜占庭文化传统的发展脉络。帕纳贾 · 福尔维蒂萨教堂、蒂米奥斯 · 斯塔夫罗斯(Timios Stavros)教堂和圣约翰教堂中出现了 14 世纪的壁画,从画中能看出这时的绘画受到了当地和西方艺术的影响,并在一定程度上展现了帕莱奥洛根君士坦丁堡时期的复兴艺术。15 世纪后期的壁画在蒂米奥斯·斯塔夫罗斯·阿吉斯马蒂(Timos Stavros Agiasmati)教堂、阿奇洛斯 · 迈克尔(Archangelos Michael)教堂和佩杜拉斯(Pedoulas)教堂中有所体现,展示了拜占庭艺术与当地绘画传统的和谐统一,同时还受到了一些西方艺术的影响。从这些教堂的彩绘壁画中,能看到意大利文艺复兴时期和拜占庭时期的绘画艺术的有机融合。在救世主形象大教堂(Church of the Transfiguration of the Savior)的壁画中还能看到 16 世纪希腊克里特岛画派的影子。

现在这些教堂遗址经过整修和完善,除了供游客游览参观以外,依然在为当地人提供服务,被称作活着的古迹。9座教堂分别具有各自的独特之处,但同时又构成了一个整体,共同展现了塞浦路斯拜占庭时期和后拜占庭时期的建筑特色、绘画艺术,也集中体现了当地人的宗教信仰,从侧面反映出当时塞浦路斯社会的历史和文化。这些精致的彩绘教堂也点缀了周围的村庄,吸引了更多游客前来游览参观。教堂的独特设计、内部精美的壁画以及其作为宗教场所发挥的作用都是这片区域最宝贵的财富。为了保护这些建筑和它们内部的壁画艺术,塞浦路斯文物局联合当地社区以及教会定期对古迹进行维护,每年对建筑、壁画和木制家具以及教堂周围地区开展保护工作。

历史的迷人之处就在于它连接了过去和现在,并且正在被不断打破和更新,昨天已经成为今天的过去,今天又会成为明天的历史。而人类通过创造有形的物质和无形的文明,也在时间的洗涤中为未来留下了宝贵的财富。那些专属于某一地区的宏伟建筑、工艺精湛的雕塑、精美绝伦的绘画、大气磅礴的诗歌,伴随着无数个发生在彼时且千古流传的故事,都是当地人为过往书写的历史,而它们也在百转千回不停流转的时光中形成了这一地区特有的风俗、文化、象征、精神,在时间的洪流中成为历史对人类最慷慨的馈赠。

特有的社会风俗

如果说那些闻名遐迩的世界遗产是历史留下的有形的物质财富,那么一个民族在不断的发展与进步中形成的饮食、起居、信仰、禁忌、独特的节日等社会风俗就是这个民族特有的文化符号,是宝贵的精神财富。各个民族在历史发展过程中,由于自然条件和社会环境不同,形成各自不同的行为方式和生活方式,这就是人们常说的风俗习惯。① 社会风俗是历代相沿积久、约定俗成的风尚、礼仪、习惯的总和,是人们在衣食住行、婚丧嫁娶、岁时节庆、生产活动、宗教信仰、文化娱乐等方面广泛的行为规范,是一个国家、民族、地区的物质生活、科学文化、价值观念、文化心理、个性特征等社会物质文明和精神文明在日常生活中的反映。② 可见,一个民族的社会风俗在历史的积淀中深深地影响着这个民族的所有成员,而这些风俗又在漫长的发展中被创造和改变着。

饮食文化

俗语有云:“民以食为天。”一个地区的饮食文化是这一地区的物产、气候、历史、宗教等各种社会元素最直接、最有代表性的体现。由于独特的地理位置以及特殊的历史,塞浦路斯的美食融合了希腊和土耳其美食的传统风格,这也使得这里的美食声名远播。橄榄、葡萄酒和奶酪应该是这座小岛上最负盛名的 3 种食品。

说起橄榄,随便问一个塞浦路斯人,他一定会骄傲地告诉你:“我们的橄榄(橄榄油)是世界第一!”当地人之所以会有这样的自信,不仅是因为自古以来岛上的居民就有生产橄榄油的习惯,而且这里的橄榄质量极佳,生产出来的橄榄油品质更是上乘。众所周知,橄榄枝是和平友好的象征,塞浦路斯人对橄榄的喜爱可以说是“刻骨铭心”的,就连他们的国旗和国徽上也有橄榄枝的元素。岛上的橄榄种植园多建在内陆山区中,山区特有的火山岩为土壤提供了丰富的天然肥料,再加上塞浦路斯

---

① 程裕祯:《中国文化要略》,外语教学与研究出版社 2003 年版,第 326 页。

② 秦永洲:《中国社会风俗史》,武汉大学出版社 2015 年版,前言第 1 页。

岛日照充足、空气干燥,山区又具备一定的降水条件,因此种植出来的橄榄品质更好。当地人的饮食一点都离不开橄榄油,无论是炒菜还是凉拌沙拉,橄榄油都是最重要的一种调料。现在这里已经将橄榄的种植、橄榄油的生产和加工融进了特色旅游项目中,游客们可以自己动手榨取新鲜的橄榄油,从中体验劳动的乐趣,同时这一项目又为当地政府创造了更多的就业岗位和财政收入。

在塞浦路斯的饮食文化中与橄榄油齐名的一定是当地的葡萄酒。塞浦路斯的许多葡萄园与橄榄园一样,都建在内陆的山区一带。如果说优越的自然条件和地理环境使这里具备了生产高品质葡萄酒的先天优势,那么岛上几千年传承下来的酿酒工艺和技术则是这里独一无二的宝贵财富。据说特罗多斯山区生产葡萄酒的历史可以追溯到 11 世纪,它是世界上仍在生产葡萄酒的古老地区之一。而现今仍在生产的有名的葡萄酒中,历史最悠久的便是塞浦路斯国酒"卡曼达蕾雅"(Commandaria)。该酒至今仍是塞浦路斯人餐桌上的甜品酒。卡曼达蕾雅酒的培养与推广归功于十字军骑士团。在退守塞浦路斯后,圣殿骑士团控制了科洛西城堡周边的卡曼达蕾雅地区。由于通晓农事与商务,骑士团发现该地特有的红色土壤种植的葡萄品质优良,酿造出的葡萄酒口感香甜,浓醇可口,便将其命名为"卡曼达蕾雅酒"。该酒随后出口至欧洲各国皇室,备受推崇。据说,正是觊觎这款名酒,奥斯曼土耳其苏丹塞利姆二世处心积虑要把科洛西葡萄园据为己有,不惜在 1570 年率领舰队悍然发动战争,最终占领了塞浦路斯。讽刺的是,因果有报,4 年后,塞利姆二世便因意外去世。据说死因便是饮用过量的卡曼达蕾雅酒,导致沐浴时不慎滑倒,撞伤头骨而亡。①

其实,早在公元前1000多年,塞浦路斯的葡萄酒就已经在欧亚大陆远近闻名,许多商人慕名而来。当时由于盛酒的容器密封性不好,在运输的过程中,葡萄酒会变甜,这样的阴差阳错反而成就了塞浦路斯葡萄酒的美名。葡萄酒在塞浦路斯人的生活中也扮演着重要的角色,当地人可以食无肉,但不能饮无酒,这酒说的就是本地的葡萄酒。由于对葡萄酒的喜爱,从1961年开始,利马索尔市每年都要在城市公园举办葡萄酒文化节,以纪念酿酒传统,同时向酒神狄俄尼索斯和爱与美神阿佛洛狄忒致敬。因此,利马索尔也被称为"塞浦路斯葡萄酒之都"。在这一天,游客可以品尝到各个酒庄酿制的各种可口的葡萄酒,而且可以享用许多塞浦路斯的传统美食。

在众多塞浦路斯传统美食中,一定不能错过的就是哈罗米(Halloumi)奶酪,它被看作塞浦路斯国宝级美食。在这里的大街小巷,都有可能听到"哈罗米",别惊讶,就像中国人照相时会喊"茄子"一样,这是塞浦路斯人赋予这一食物名称的文化内涵,足见塞浦路斯人对这种奶酪的喜爱程度。哈罗米是用羊奶(山羊奶或绵羊奶)或牛奶制成的白色块状奶酪,由于质地偏硬、熔点高,因此可以油炸或者烧烤。它本身带有一点咸味,即使不添加任何作料,吃起来也很香咸可口,当地人特别喜欢用它搭配一些水果、蔬菜或肉类拌成沙拉食用。哈罗米的制作最早可追溯到中世纪拜占庭时期,直到16世纪中叶才有现存的最早对塞浦路斯哈罗米的描述,但是关于哈罗米奶酪的制作配方最早是否源于塞浦路斯,由于年代久远,始终没有明确的答

---

①　Von Löher, F. *Cyprus: Historical and Descriptive*. London: W. H. ALLEN & CO., 1878, p. 41.

案。不过可以肯定的是,哈罗米对塞浦路斯人来说意义非凡。这里的农民食用哈罗米补充蛋白质,而且岛上的每个村庄都有自己独特的奶酪制作方法,生产出的哈罗米因村而异,各个村庄也会因为具有独一无二的哈罗米奶酪而感到自豪。哈罗米对塞浦路斯人的影响甚至还反映在他们的名字上,许多塞浦路斯人的名字都与哈罗米有关,尤其是19世纪的塞浦路斯家庭非常流行给孩子取与哈罗米有关的名字,如哈罗马斯(Hallumas)、哈罗马(Haluma)和哈罗马克斯(Hallumakis)等。

饮食文化与人类的生产、生活密不可分,也反映了一个地区的物产、气候、水土等。塞浦路斯的美食种类丰富,除了上面介绍的几种重要的饮食以外,一定要走进当地的特色餐厅,好好享用一顿自助餐——梅泽(meze)。如果有机会品尝各种小吃,也可以试试葡萄叶包饭(koupepia)、茄子千层饼(mousaka)或者锡纸烤羊肉(ofto kleftiko)。此外,游客还可以坐在美丽的帕福斯的海边餐厅里点上几种美味的海鲜,品尝独属这座地中海小岛的美好与惬意。

婚俗习惯

婚姻是人类特有的一种社会现象,婚礼因婚姻的存在而存在,具有一定的象征意义,同样与一个地区人类的历史、文化、生活、信仰等息息相关。

由于大多数塞浦路斯人是希腊东正教徒,这里许多的传统婚俗和婚礼仪式都与他们的信仰密切相关,与此同时,他们又在婚礼中保留了许多当地特有的传统习俗。在婚礼当天,新郎和新娘双方家中都会邀请乐队演奏当地的传统歌曲,预示着婚姻生活充满欢乐与喜悦。当新娘穿好婚纱准备出发去参加典礼时,她的父母和朋友会将一条红色围巾围在她的腰部和头部(或肩颈部位),这是女性贞操的象征。而在新郎家中,他的家人和朋友也会在新郎的腰上围上一条红色的围巾,象征男性的生育能力。通常,新郎和新娘会一起到达教堂,由新娘的父亲将女儿嘱托给等在教堂门口手捧鲜花的新郎,之后这对新婚夫妇将一起走进教堂,接受亲朋好友、邻里乡亲的祝福。

在婚礼上,牧师会分给新人面包(prosfora)和塞浦路斯的卡曼达蕾雅酒,象征着他们的结合是蒙神祝福的。之后,伴娘和伴郎会分别为新娘和新郎戴上斯特凡纳(stefana)花环,这是希腊传统婚礼中必不可少的一个环节。花环最早是由柠檬叶、橄榄枝、葡萄藤和鲜花等制成的,后来也有人用金、银、水晶等不同材料配上丝带制作而成,寓意着新人的"合二为一"。牧师也会为这对新人和他们的斯特凡纳花环祈祷,祝他们在新的生活中获得上帝的祝福。新人戴着花环,将婚戒交换 3 遍,然后才会戴在对方右手的无名指上。此时牧师会带领这对新人拿着《福音书》围绕摆放着十字架的桌子转 3 圈,以表示他们将共同经历彼此的人生旅程,然后由伴郎和伴娘将新人的花环放在指定的位置。婚礼上的花环对当地人来说非常重要,新人在婚礼结束之后一般都会把它们收藏起来。最后,牧师将再次祝福这对新人,并且表明只有上帝才能将他们分开,这时婚礼才算正式结束。

新人离开教堂前,还会为前来观礼的客人送上一袋糖衣杏仁(koufetta)。这种小吃的形状像鸡蛋,代表着生育和破壳而出的新生活,它坚硬的糖衣则象征着对婚姻的恒久及未来生活甜蜜的祝福。杏仁的数量一般是奇数,代表着无法分离。在随后的庆祝派对上,新娘的一些未婚朋友还会在她的鞋底写上自己的名字。傍晚时分,新娘脱下鞋子,谁的名字还留着,就说明这个人有可能是下一个要结婚的人。

塞浦路斯人的婚俗中也有择吉日一说,一般当地人结婚的日子都会选在月圆后的第一个周日。此外,婚礼中最具特色的是装填床垫礼。在乐队伴奏下,7—9 个已婚年轻妇女坐在草席上,用红线缝褥子。缝好后,主婚人抱来一个漂亮的小男孩,把他包在新褥子里,朝四面八方转一圈,以祝愿新人早生贵子。褥子铺到床上时,下面放一把张开的剪刀,表示祛邪恶和谗言。① 与我国男方准备婚房的文化不同,在塞浦路斯人的婚俗中,新房都是由女方准备的,是新娘的陪嫁之一,如果父母无法准备新房作为嫁妆,那么这家的姑娘有可能一辈子都嫁不出去。

特色节日

所谓节日就是人们在长久的劳动生产中为了纪念某些重要的时间而赋予它们一定的文化内涵的日子。节日的创造多与人类的宗教信仰、原始崇拜、历史传奇、禁忌或节气等有关。塞浦路斯重要的节日大多源于宗教和历史,还有一些节日则是社会发展的产物,如阿依纳帕节(Ayia Napa Festival)。在每年 9 月的最后一周,塞浦路斯岛最美丽的度假胜地阿依纳帕的塞弗里广场(Seferi Square)热闹非凡。游客可以通过欣赏舞台上的民间舞蹈和传统戏剧,了解当地的风俗习惯。节日期间的庆祝活动还包括当地的农产品和手工艺品展销等。这个节日最初是为了纪念塞浦路斯的历史文化传统,现在则不仅实现了文化推广的目的,而且逐渐形成了一种旅游品牌,促进了当地的经济发展。

帕福斯爱神节(Pafos Aphrodite Festival)是当地为了推广历史名城帕福斯,将它打造成为国际知名文化中心而设立的。每年 8 月底或 9 月初,帕福斯中世纪城堡前的广场上将汇聚来

---

① 　沈海滨:《塞浦路斯风情》,《科学之友》2008 年第 19 期,第 83 页。

自世界各地的表演艺术家。节日期间，这里会上演各国的歌剧、戏剧、音乐剧等各种不同形式的演出，为游客和当地居民带来美的享受。

此外，还有利马索尔葡萄酒节（Limassol Wine Festival）。每年 8 月底，人们都会相聚在城市公园享受塞浦路斯岛的传统音乐和舞蹈，享用传统的塞浦路斯美食，当然无限量供应的葡萄酒也必不可少。当地人用这样的方式庆祝塞浦路斯葡萄的丰收以及葡萄酒酿造的悠久历史。

除了葡萄酒节以外，利马索尔每年还要举办一次狂欢节（Limassol Carnival），这是塞浦路斯具有代表性的节日之一，至今已有 100 多年的历史了。最早是古希腊人为了纪念酒神狄俄尼索斯而组织的庆祝活动，人们穿着各异，头戴面具，一连几天在一起唱歌跳舞，饮酒狂欢。现在，利马索尔狂欢节一般要持续 10 天之久，嘉年华花车大游行是受欢迎的活动之一，五颜六色的花车穿行在城市的主干道上，欢歌笑语的游行队伍一路上为道路两旁驻足观看的人群展示各种精彩绝伦的演出，包括杂技、乐器演奏、带有夸张和讽刺意味的戏剧表演等。

在塞浦路斯，人们的命名日（Name Day）甚至比生日更重要。命名日是和本人同名的圣徒纪念日。因为信仰，所以许多塞浦路斯人的名字都源于《圣经》中记载的圣徒的名字，当地人用这样的方式来纪念圣徒，以示对信仰的虔诚。根据传统，塞浦路斯人庆祝自己的命名日一般都会举办热闹的派对，敞开家门欢迎亲朋好友的祝福。对于小孩子来说，他们每年最期待的可能就是生日和命名日，无论哪一天，他们都能收到礼物和祝福。随着年岁渐长，成年之后，他们一般都会选择庆祝命名日，如果生日和命名日的时间恰好比较接近，那么刚好"合二为一"一起庆祝。如果你的好友中有同名的情况，那么他们的命名日当天你一定是最忙的,要做好参加好几场庆祝活动的准备,但同时你也是最幸福的,能在一天当中享用到双倍的美酒和美食。

塞浦路斯的许多法定节假日或是由宗教而来,或是因独特的历史原因形成,而后逐渐被人们传承下来。对于那些基督教重要的宗教节日,如复活节、平安夜、圣诞节等,在这里就不赘述了。因为大部分塞浦路斯人都是东正教徒,所以这里的很多宗教节日与东正教有关,如主显节、斋戒日(希腊东正教复活节前50天)、洪水节、圣母升天节等。由于特殊的建国历史,塞浦路斯的纪念日也非常多。每年3月25日,当地人会庆祝希腊国庆节,然后在一周后的4月1日庆祝塞浦路斯希族国庆节。每年的5月1日,当地人也会同世界人民一道庆祝国际劳动节。与我国国庆节时间相同,每年10月1日是塞浦路斯国庆日,这一天,大街小巷都飘扬着塞浦路斯国旗,以庆祝国家独立。在1月1日的新年庆祝活动中,塞浦路斯人会相互交换礼物,全家人一起品尝传统的新年蛋糕(vasilopita),共同祈祷新的一年一家人平安健康。

塞浦路斯是一个充满传奇又热情迷人的地中海岛国。历久弥新的独特文化、流传百年的习俗都是那些不可追忆的往昔对这个蓬勃发展的现代化国家最宝贵的馈赠。晶莹的浪花、起伏的丘陵、宁静的村庄,似乎承载了人们对一切美好的向往。历史的车轮曾在这片土地上狠狠碾压,但是经过时间的洗涤、岁月的冲刷,那些留存下来的就是最宝贵的,游客若到此一游,相信定会不虚此行。

没有硝烟的战争

2020 年注定是不平凡的一年,突如其来的新冠疫情席卷全球。世界各地相继暴发的疫情打乱了人们的生活节奏。一时间,担忧、恐惧、焦虑的情绪也随着病毒的传播在人群中蔓延开来。世界卫生组织在疫情暴发之后不久就将新冠疫情定性为"全球大流行"。在这一场没有硝烟的战争中,奋斗在一线的医护人员就是守护人们健康的卫士,世界各国在医疗领域的通力合作则为疫情的好转提供了有利的条件。

在这场全球性的灾难中,没有哪国可以躲过,塞浦路斯也不例外。只不过由于塞浦路斯孤悬于地中海上,周围并没有与任何一块大陆接壤,所以疫情在这里暴发的初始时间相较地处欧亚大陆上的其他国家要晚一些,但是与其他国家一样,疫情一旦袭来,便来势汹汹。不过,换一个角度来看,疫情虽然改变了很多人的生命轨迹,但以另一种独特的方式促使人类社会不断进步,推动了科技的发展,尤其是人们在医药生物领域的研究,以及教育、通信、网络技术等许多其他领域的发展。在抗击疫情这场没有硝烟的战斗中,各个国家都涌现出一个又一个值得铭记的人和故事,中塞两国也因为共同抗疫而进一步巩固了多领域的合作基础,深化了两国亲密无间的兄弟情谊。

时间回到庚子年初,世界各地关于疫情的报道持续不断,当时的塞浦路斯还相对安全。可能是出于侥幸心理或是对疫情过于轻视,在意大利、法国、英国等许多欧洲国家相继"沦陷",宣布疫情已经失控的情况下,塞浦路斯依然处于低警戒状态,并没有意识到事态的严重性。当地群众普遍认为塞浦路斯与其他国家之间在地理上隔着茫茫的地中海,病毒很难传播过来;还有许多人,尤其是年轻人认为新冠病毒带来的不过是一场比普通感冒严重一点的流感而已,没必要"小题大做"。也许这样的心态正好反映出许多欧洲国家民众的心态,也导致疫情蔓延的速度和扩散的范围呈指数级增长。当时塞浦路斯连进行核酸检测的能力都不具备,所有必要的检测都由当地医院采集样本并运送至希腊,等待两周之后才能知道报告结果。

　　2020年3月,眼看许多国家疫情蔓延,已经到了失控的地步,塞浦路斯卫生部部长表示当地虽然尚未发现病例,但情况并不乐观,他认为确诊只是时间问题。同时塞浦路斯卫生部还发布了防疫指南,指出了病毒的传播途径以及感染后会出现的症状等,用来提醒当地居民进行必要的防范。塞浦路斯旅游部也将当时世界上疫情严重的国家和地区进行分类并分别给出不同的建议,针对过去14天去过高风险国家和地区但未出现任何症状的游客按地区风险等级建议:到访过一类风险国家的游客采取医学观察;到访过二类风险国家的游客进行自我隔离;到访过三类风险国家的游客虽不限制行动,但要进行自我监控,出现症状再进行自我隔离或拨打热线自行告知旅行记录等。至于那些来自未被列入高风险地区名单的国家的游客,如果过去14天未曾到访过名单中的国家和地区,则可以自由行动。塞浦路斯的所有入境点均设立了相应的医学检测和观察站,从列出的高风险地区入境的游客都被要求接受体温监测、记录病史以及对呼吸道进行检查等,以甄别是否存在疑似病例等。但是很快这些措施就被质疑力度不够,因为无孔不入的病毒还是悄无声息地侵袭了这座"与世隔绝"的岛国。

　　就在塞浦路斯旅游部发布高风险国家和地区等级划分及防疫措施后不久，塞浦路斯卫生部就宣布岛上首次发现了 2 例新冠病毒检测结果呈阳性的病例，在此之前塞浦路斯是欧盟 27 个成员国中唯一未出现感染病例的国家。一位确诊患者是从意大利入境塞浦路斯的，在塞浦路斯机场接受检测后一直处于自我隔离的状态；而另一人是从英国返塞的尼科西亚的外科医生。因为当时英国并没有被列入高风险国家的名单中，所以英国入境人员均没有接受检测。正是如此，才导致了病毒的扩散。塞浦路斯政府在发现新冠肺炎确诊病例之后，再根据传播者的活动轨迹确定潜在的感染者信息为时已晚。此时，塞浦路斯政府才如大梦初醒一般开始加强筛查并发布一系列提醒。相比其他欧洲国家，塞浦路斯的反应还算比较快，当晚就宣布尼科西亚部分地区进入 2 周封锁状态，待观察后再采取进一步防疫措施。

　　疫情对塞浦路斯的"突袭"虽在情理之中，却在意料之外。这也让许多当地人开始认识到问题的严重性，随之而来的是各个城市出现了短暂的恐慌期，那些曾经轻视疫情的人也成了搬空超市的一员。当时，塞浦路斯不仅口罩、洗手液、酒精、一次性手套等防疫必要物资严重紧缺，就连卫生纸、大米、蔬菜、水果等一些日常的生活用品和食品也一度出现了断货、脱销。好在人们理性尚存，社会秩序和整体治安情况正常，没有因此而发生更糟糕的事情，但是当你走进一家大型超市，看到空空如也的货架时，可能真的会误以为走进了某个拍摄末日灾难片的电影现场。

　　话虽如此，却不得不说塞浦路斯政府在疫情来袭后第一时间做出的防疫反应之快、采取的抗疫措施之强是许多其他国家不能相比的。在塞浦路斯首都发现首例确诊病例当晚，政府就发布了紧急通知,尼科西亚所有学校立即停课。在发现确诊病例超过 10 例之后,塞浦路斯政府就宣布禁止所有非塞浦路斯籍的外国公民入境,并停止所有大型集会和会议。随后几天,确诊病例不断增加,塞浦路斯内阁又紧急召开会议并宣布塞浦路斯境内进入全面封锁状态,禁止任何人包括塞浦路斯公民入境,除非持有病毒检测呈阴性的医学证明,即便如此,入境后也会被强制定点隔离 14 天。考虑到当时即将到来的复活节假期,许多塞浦路斯的海外留学生因为该措施无法回塞,塞浦路斯政府还给予他们每人 750 欧元的补贴。同时,塞浦路斯政府还承诺对企业注入 7 亿欧元以缓解企业经营压力,并为公共医疗拨付 1 亿欧元的经费。

以上列举的所有抗疫措施都是在塞浦路斯首现新冠肺炎病例之后,塞浦路斯政府在一周之内做出的反应。除此以外,各个政府机构和社会组织也积极响应抗疫措施,相继发布紧急通知来应对呈现扩散趋势的疫情。电力管理局宣布所有付款缴费业务均在网上办理,并不会因为未及时缴费而切断电力供应;交通部规定所有公共交通工具的载客量不能超过正常容量的一半,并且必须对所有公共交通工具进行消毒;电信管理局宣布紧急关闭全岛的线下商铺,所有业务都转移至线上或通过电话进行人工服务;邮局也建议非必要业务可以通过拨打免费电话、登录官方网站或下载手机应用程序等办理;各地市政府还分别做出指示,对市政场所和公共空间进行消毒作业;当地宗教领袖也呼吁信徒们 3 周之内别去教堂,并将通过电视转播教会的礼拜仪式等。在这一系列强有力的抗疫措施出台之后,塞浦路斯疫情扩散的势头得到了有效的遏制,抗疫之战初见成效。

塞浦路斯政府与全岛群众经过 3 个月的共同努力,成功将岛上的疫情控制在稳定的状态,确诊病例一直没有破千,由新冠病毒引起的死亡人数控制在 20 人以内,而且大多数死亡病例还伴有一些慢性病或其他疾病,新增病例也控制在个位数。这些结果无疑是不幸中的万幸。当时许多塞浦路斯人都非常有信心能够彻底战胜疫情,他们也对塞浦路斯政府做出的抗疫反应表示支持和理解。从新冠病毒首次出现到初步稳定控制疫情的扩散,塞浦路斯仅用了 3 个月时间,相比欧盟多数国家,这样的抗疫结果无疑是令人满意的。还有媒体总结了塞浦路斯在新冠疫情的防控上值得表扬的 6 个方面:①欧盟成员国中最后一个出现病例的国家;②人均检测率高,在欧盟成员国中排第二;③检测成本为欧盟成员国中第二低;④死亡率低至1.8%;⑤康复率高达 84%,远超大多数欧洲国家;⑥75 天后实现了第一次清零,疫情控制效果显著。这样的结果从一方面来看是疫情暴发期间塞浦路斯政府和人民共同采取行之有效的抗疫措施之后得到的最好的反馈,从另一方面来看也让塞浦路斯政府提前放松了警惕。当时塞浦路斯卫生部流行病学研究小组负责人列昂蒂奥斯·科斯特里基斯(Leontios Kostrikis)就援引国际研究报告称,预期新冠病毒在塞浦路斯再有第二波流行的概率不高。他说:"我们拥有良好的前景。即使在咖啡馆和饭店等企业重新营业之后,塞浦路斯的流行病学指数仍保持稳定。"

经历了最严格的封锁措施,塞浦路斯疫情有所好转,在此基础上,塞浦路斯部长会议提出了进一步放宽封锁限制的建议,其中就包括重新开放关闭已久的商场、餐馆、酒店、学校、健身房等室内场所,以及为应对可能出现的大批复工人员而增加免费核酸检测点,开放港口和机场,实时更新高风险国家名单,以确保控制从其他国家来塞的输入型病例;南北塞的过境点检查站、室内剧院与室内电影院等暂时不开放。同时将逐步放松可聚会人数限制,建议婚礼、洗礼、音乐会、毕业典礼等一些聚集性活动在入秋之后再举行。在随后的几个月中,情况也确实比较乐观,尽管塞浦路斯再次开放,而且已经有几十家航空公司恢复了塞浦路斯的航线,但是由于采取了许多应对疫情的强制性措施,塞浦路斯每日的新增病例几乎都保持在个位或十位数,甚至一度出现了一连几天都是"零新增"的情况。

当时一位为塞浦路斯政府提供疫情相关建议的专家就称,不会出现第二波新冠疫情,但当前的世界疫情形势可能会继续持续下去。塞浦路斯欧洲大学内科和感染预防与控制助理教授也指出,全球范围内的病例有所增加,塞浦路斯仍处于第一波疫情暴发期。在未来的一段时间中,第一波疫情将以稳定的传播速度继续扩散下去直到秋天的到来。而第二波疫情的侵袭意味着确诊病例数会出现大幅下降,然后重新增长。他还提醒塞浦路斯当局由于全球情况仍不稳定,塞浦路斯不应该被眼前状况良好这一假象所蒙蔽,国际机场在开放期间仍需小心,因为新冠病毒的最大特点,一是潜伏期长,二是存在无症状病例,只要有病毒存在,就很容易出现反弹的情况。他建议塞浦路斯政府在进一步放宽措施的同时继续要求民众遵守基本的防疫要求,如戴口罩、保持社交距离、勤洗手、多消毒等。

时值盛夏,塞浦路斯的最高温度甚至逼近43℃,有人认为岛上的疫情得以控制的部分原因有可能是高温阻碍了病毒的扩散;也有人认为已经连续几天新增病例为零,就意味着抗疫的胜利,不会再有所谓的第二波疫情了;还有人认为既然官方都出尽奇招吸引游客,就说明塞浦路斯政府有底气做好防疫工作。当公众普遍开始对防疫的成果"沾沾自喜"并且对抗疫有所松懈的时候,疫情突然反扑,还没等人们反应过来,第二波疫情就已经在塞浦路斯扩散开来,而且明显比第一波疫情的传播速度更快,波及范围更广。最早发现第二波疫情的地方是利马索尔市的码头,虽然在发现疫情有扩散趋势之后,码头边的所有餐厅被要求立刻关闭,在码头工作的所有员工也立刻接受了检测,并在一周内接受了 2 轮检测,但是当地政府的应对措施制定得再迅速,也没有病毒传播的速度快,没多久利马索尔市就变成了第二波疫情袭来时的重灾区,随后塞浦路斯各城市的新增病例也开始激增。面对疫情的突然"袭击",塞浦路斯卫生部部长与流行病学小组进行了紧急会面,讨论疫情的形势并一致认为,即便政府放宽了原有的抗疫措施,民众也应该继续保持谨慎的态度,严格遵守防疫规定,只要所有人配合,疫情是可以控制的。同时,针对利马索尔的突发状况,塞浦路斯政府也专门制定了抗疫举措,例如限制当地的大型集会、增加核酸检测次数、限制医院或养老院的探访、在公共场所强制戴口罩等。在这些措施出台并被强制执行之后,塞浦路斯整体的病毒传播情况开始呈现缓慢减弱的态势,但是再也没有实现新增清零。

第二波疫情的反反复复似乎消磨了人们的耐心。受疫情的持续影响,塞浦路斯的游客量比往年减少了 80% 以上,旅游收入同比下降了 98.1%,这样的情况对于依靠提供旅游产品和服务取得主要经济来源的塞浦路斯人来说无疑是"灭顶之灾"。不断攀升的失业率、极不便利的生活方式以及对财务和人身"自由"的限制似乎都成了疫情之下人们焦虑的理由,伴随着新一波疫情而来的是对抗疫逐渐失去信心和耐心。在城际公路封锁、室内外都需戴口罩、限制聚会人数等一系列措施出台之后,近百人聚集在塞浦路斯总统府外举行抗议活动,高举标语、高喊口号,要求政府取消一系列措施,让人们自由决定自己的行为。可是这样的抗议活动本身就严重违反了疫情期间禁止大型集会的限制令。塞浦路斯政府还专门为此召开了高级别会议,讨论如何处理这次活动的参与者,并商讨出一个妥善的方案防止此类事件再次发生。无独有偶,尼科西亚公交司机对疫情期间承担高工作风险却仍拿微薄薪酬而不满,举行了罢工活动,导致首都的公共交通系统瘫痪了一段时间,相关行业工会与塞浦路斯劳工部之间也就福利待遇等问题进行了多轮谈判,最终达成了一致意见,公共交通系统才得以恢复。

　　疫情给人们带来的不只是健康问题,还有经济问题以及由此而引发的许多社会问题。塞浦路斯政府在处理和解决这些问题的时候,既要做到相互兼顾,又要做到主次分明,其中存在着不小的麻烦与挑战。在出台了一系列防疫措施之后,塞浦路斯政府又提出了许多减少经济损失的措施以及疫情期间特殊的社会补贴方案等。塞浦路斯电费的优惠政策持续实施了近半年时间,惠及了全岛的所有居民和商铺。塞浦路斯劳工部还发布公告为包括摄影师、导游、出租车司机、街头小贩、旅游巴士司机在内的 7 类自由职业者提供特别补贴,同时还计划为疫情期间的失业人员提供一定的就业支持及资金保障。随着疫情逐渐扩散,塞浦路斯劳工部又提出将为旅游业和其他相关企业提供经济援助,同时也扶持中小企业,保障企业的正常运转,而且为中小企业的员工提供一部分补贴。所有的方案与措施都表明塞浦路斯政府在疫情期间能灵活出台一揽子经济援助计划,并根据情况随时调整。当然,塞浦路斯政府之所以能有这样的底气,也不完全是因为塞浦路斯自身的经济实力,主要还是因为背后有欧盟这棵大树做依靠。欧盟委员会在疫情期间批准通过了塞浦路斯经济和卫生两方面的援助提案:经济方面为塞浦路斯提供了就业、工作、人力资源等项目的资金援助,卫生方面为其调配医疗设备和资源提供一定的支持。

随着全球新冠疫情大流行,防疫、抗疫早已不是什么新鲜话题,口罩、消毒液以及适当的社交距离成了人们生活中默认的新常态。一场流行全球的疫情给人们的生活带来的远远不只是健康问题这么简单,每个人的生活、工作甚至是思考问题的方式其实也在无形中被影响和改变着。

经历了 2020 年的病毒入侵、阶段性抗疫成功、第二波疫情的"突击"、反防疫措施游行以及各种经济援助计划的实施,塞浦路斯政府在应对新冠疫情以及因此而产生的社会问题方面似乎摸索出了一些更符合塞浦路斯实际情况的解决办法。塞浦路斯人好像也逐渐适应了与疫情共存的常态化生活。时间步入 2021 年,多个国家陆续研发并且投入市场的新冠疫苗让人们看到了希望,但层出不穷的变异毒株也在一次一次地挑战着人类对未知的探索。虽然过程中布满荆棘,但塞浦路斯整体抗疫工作在朝着好的方向发展。

为什么这么说呢?自从第二波疫情在塞浦路斯扩散之后,就一直没有见好的趋势,而且形势每况愈下。每日新增病例人数从 50 增长到 100,从 100 增长到 300,甚至一度在一天之内飙升到 900 多例。感染的病人中不仅有塞浦路斯的普通公民,还有多名政府要员。在塞浦路斯农业部部长被发现检测结果呈阳性之后,他的密切接触者交通部部长和内政部部长也被要求进行自我隔离。另外,在国民警卫队中也发现了几十名士兵的检测结果呈阳性,其他百余名士兵也被要求进行自我隔离并观察。塞浦路斯内阁会议也因此取消,政府还一度宣布进入封锁状态,可见疫情的"威力"有多大。

为了抗疫,塞浦路斯政府不断更新防疫措施,最早在疫情严重的利马索尔市和帕福斯市实行;同时塞浦路斯政府也会根据实时检测和统计数据反馈,随时更新防疫措施,暂停一些没有实质效果的方案,更改或新增一些可能有用的措施等。后来,在疫情最严重的时候,防疫措施不仅覆盖全岛,而且几乎相当于再次实施国家封锁。由于病毒的传播主要依靠人际接触,因此塞浦路斯政府最先实施的是要求所有人出入所有场所,无论室内或室外,都需要佩戴口罩,否则将面对巨额罚款,要求大部分场所(超市、银行、餐厅、商场等)都提供消毒液或一次性手套,并且做好日常消毒工作。此外,还实行了城际之间的封锁以及全岛各城市的晚间宵禁,除非有用人单位的工作证明,否则所有人不能走出封锁区域,也不能在宵禁后出门。与这些强有力的抗疫措施同时更新的还有继续扩大全岛病毒快速检测范围,而且塞浦路斯政府还在医院、养老院、学校、军队等重点区域展开大规模检测,增加居民社区的检测点数量,以满足社区居民的检测需求等。即便如此,塞浦路斯的疫情依然处于失控的边缘,塞浦路斯总统发表了全国电视讲话并呼吁全体国民遵守政府发布的相关防疫规定。他强调,每个公民都有保护自己和家人健康的义务,身为国家的一员也有维护国家与公共秩序的社会责任,遵守防疫措施正是对自己和社会负责的一种表现。

但是,疫情似乎并没有因为人们的努力而有所缓解,始终维持在日新增感染病例数破百的水平,这样的数字确实不可思议,尤其是在常住人口只有90多万的塞浦路斯。政府无奈,最终还是在全岛实行了最严格的封锁措施——全塞彻底封城。塞浦路斯仿佛再次被按下了暂停键,城市中空荡的街道与繁忙的网络世界形成了鲜明的对比。学生们进行远程学习,政府部门统一在线上处理公务,企业或公司的业务全都转移到"云"上进行,必须出门办理的事情必须向政府指定的平台发送短信且收到许可回复后才能出门办理,每天最多只能发送2次出门申请。塞浦路斯政府通过此类措施最大限度控制白天移动人口的数量。当然,严格面孔下的政府也有"人性"的一面,允许在一定范围内遛狗、运动,允许举行 10 人以下的葬礼等。

最终,新冠疫苗的到来为塞浦路斯防疫、抗疫带来了一丝曙光。在继续严格实施各项措施的同时,塞浦路斯政府稳步推行预约后免费注射疫苗的一系列办法,将注射疫苗的申请对象按照轻重缓急划分成几个范围,职业性质、年龄大小等都在参考范围之内。塞浦路斯第一轮疫苗注射率就超过了 40％,第二轮注射率已经接近 60％,接种率在欧盟的成员国中名列前茅。人们的生活也伴随着疫苗的高接种率逐渐恢复正常,新增感染人数也呈明显的下降趋势,从日增破百减少到几十例。虽然仍未清零,但人们心中对病毒的恐慌和焦虑似乎已经平复了许多。塞浦路斯政府的措施也在逐步放松,南北塞过境点也再次开放,据报道,塞浦路斯房地产销售量有所回暖,整体经济正在有序复苏。塞浦路斯央行(Cyprus Central Bank)预测其经济将在 2021 年复苏,速度将比之前预测的更稳健。塞浦路斯央行在 2020 年 6 月份的宏观经济预测中表示,2020 年的 GDP 下降 5.1％,预计 2021 年将增长 3.8％。2022 年和 2023 年,GDP 的增长率将分别达到 3.1％和 2.3％。①

社会属性决定了人类不是独立于世界的存在,人类通过传承习俗、宗教礼法、普遍价值形成社会,通过人际互动、交际沟通、交换意见、自我表达、组织协作建立社会群体之间的广泛联系。当前人类社会更是如此,正如中国国家主席习近平提到的:"人类正处在大发展大变革大调整时期。世界多极化、经济

---

① News in Cyprus. *Economy to grow at moderate pace*, http://www.newsincyprus.com/news/322125/economy-to-grow-at-moderate-pace, 2021-06-12.

全球化深入发展,社会信息化、文化多样化持续推进,新一轮科技革命和产业革命正在孕育成长,各国相互联系、相互依存,全球命运与共、休戚相关,和平力量的上升远远超过战争因素的增长,和平、发展、合作、共赢的时代潮流更加强劲。"①

　　大疫当前,全球新冠病毒的传播与扩散更加强了各国相互联系、相互依存,深化了全球命运与共、休戚相关的共同体概念。在新冠疫情肆虐塞浦路斯的时候,这里也迎来了世界上许多国家和组织的物资援助或经济支持。中国是最早向塞浦路斯捐赠医用物资的国家。2020 年,在塞浦路斯发现首例新冠肺炎确诊病例之后不久,中国便向其捐赠第一批医疗用品,其中包括当时全塞十分紧缺的口罩、防护服等防疫的必要物资。2020 年 3 月,塞浦路斯总统在他的社交平台上转发了中国驻塞大使发布的消息:"今天上午,中国和包括塞浦路斯在内的 18 个欧洲国家成功而高效地举行了防治新型冠状病毒技术的视频会议,回答了 80 多个问题,朝着全球努力控制这一流行病的目标迈出了又一步。"他还特别发文感谢中国为塞浦路斯提供医疗用品援助,并无私地分享抗疫方面的相关科学知识。他这样写道:"我们深深感谢习近平主席、中华人民共和国政府和黄星原大使,通过提供医疗用品和分享他们的科学知识,他们在切实地帮助我们共同对抗新型冠状病毒。"紧接着不到一个月的时间,中国的第二批和第三批抗疫物资又陆续抵达并移交给了塞浦路斯。中国驻塞使馆还积极推动举行中塞卫生和医疗专家视频会议,加大抗疫经验交流分享力度。在援塞抗疫物资交接仪式上,塞浦路斯外长代表塞浦路斯政府衷心感谢中方在

---

　　①　习近平:《共同构建人类命运共同体》,《求是》2021 年第 1 期,第 4—13 页。

塞抗疫关键时刻来函慰问,向塞方提供大量急需防护物资并无私分享宝贵抗疫经验。中方雪中送炭的深情厚谊和"守望相助、风雨同舟"的高尚精神令塞方铭记在心,包括塞浦路斯在内的许多国家都对中方的抗疫成绩和驰援国际抗疫行动表示高度赞赏。他还特别感谢中国外交部一直以来对塞岛抗疫的关心和支持。[1]

此外,时任塞浦路斯大学孔子学院中方院长的王武兴教授还通过义卖他的中英文版自传《我的故事——岁月如歌》筹集善款,为塞浦路斯多所大学、中学、小学及国际学校捐赠抗疫物资。他表示:"当疫情在世界蔓延、人类面临命运和生存挑战的严峻时刻,更需要一种团结自强、友善互助、坚忍不拔、牺牲奉献的精神,这些核心内涵正是中华民族理想信念和性格特征的生动体现,是我们赖以生存发展的精神支柱和纽带,它让5000年的中华文明从未割断,代代相传,中华民族因此自立于世界民族之林,相信书中传递的积极向上的精神会激励读者们奋发前行。"[2]塞浦路斯的华人华侨也自发组织了互助小组、互助保障小组等为塞浦路斯当地居民提供力所能及的帮助。

---

① 中华人民共和国驻塞浦路斯共和国大使馆:《黄星原大使出席中国援助塞浦路斯抗疫物资交接仪式》,http://cy. china-embassy. org/chn/xwdt/t1771505. htm,2020 年 4 月 20 日。

② 杜娟:《中塞友好 天下一家:塞浦路斯大学孔子学院向各方合作伙伴及教学点捐赠侧记》,https://www. bjie. ac. cn/xwzx/gqxw/2020-05-26/25534. html,2020 年 5 月 26 日。

塞浦路斯大学孔子学院捐赠物资/谢莎莉摄

　　塞浦路斯作为欧盟的成员国之一,在疫情发生以来,也得到了大量欧盟的经济援助。欧盟委员会首先批准了一项针对塞浦路斯企业的援助计划,主要是推迟当地企业交纳增值税的时间,并且取消应该在 2020 年 11 月前缴税的公司的利息或逾期罚款,以支持当地公司在疫情暴发期间维持正常运营。这项计划的总预算大概有 3300 万欧元,计划的有效时间暂定为2020 年底,后又被延长至 2021 年中,并将根据疫情影响的时间而决定是否需要继续延长。根据塞浦路斯银行对外发布的消息,抗击新冠病毒采取的封锁措施严重影响了塞浦路斯的经济发展,经济活动在一定程度上几乎处于停滞状态,许多企业或公司实际上已经倒闭。旅游和酒店业受到的冲击最大。贸易和制造业也受到严重影响。这种情况如果再持续下去,就可能会有极具破坏性的影响。塞浦路斯央行将为保障经济正常运行采取量化宽松政策和流动性操作,塞浦路斯政府也将提高家庭收入及企业补贴。欧盟根据各成员国的需求已批准提供一揽子财政措施,其中包括欧洲稳定机制、欧洲投资银行及欧盟委员会根据就业保护计划提供的贷款。欧盟还批准了一笔赠款和贷款,将在未来 3—5 年内作为下一批经济复苏的基金分配给各成员国。欧盟此次采取的经济措施,无论是贷款、基金还是融资等方面,其力度都是前所未有的,同时欧盟还将首次发行自己的债券。

另外,欧盟还宣布批准一项经济援助计划,为北塞追加超过 3000 万欧元的资金援助以支持当地发展经济,改善民生,意在促进塞浦路斯统一。公告显示,欧盟的援助重点包括为关键基础设施建设和环境保护提供资金,协助改造电网,帮助制订短期及长期经济刺激方案,促进发展更有韧性的绿色经济,以应对新冠疫情对当地经济造成的巨大冲击。此外,欧盟将助力改善当地食品安全,满足特殊教育和终身学习需求。为增进塞浦路斯土族与希族的互信,欧盟将继续为塞浦路斯失踪人员调查委员会和塞浦路斯文化遗产技术委员会提供资金支持,同时将促进两族非政府组织之间的合作,并为两族青年设立联合奖学金项目。据欧盟委员会统计,包含此前已批准的两笔 500 万欧元援助和 3160 万欧元援助,欧盟至今已向塞浦路斯土族控制区提供了 5.9 亿欧元援助。[①] 与此同时,南塞还分批向北塞捐赠了大量的抗疫物资及新冠疫苗,用来帮助北塞抗疫,以期全岛早日战胜疫情,人们的生活早日回归正轨。

在这颗蔚蓝的星球上,人类早已注定彼此关联,在同一片蓝天之下,人们同呼吸,共命运。"地球村"里的各大洲、各个国家、各国人民,不分种族,不论信仰,无谓肤色,都相互联系、相互依存,交汇在过去与现在,连接着现在与未来。新冠疫情的

---

① 中国新闻网:《欧盟向塞浦路斯土耳其族控制区追加逾三千万欧元援助》,http://www.chinanews.com/gj/2020/08-25/9274128.shtml,2020 年 8 月 25 日。

全球大流行更是以一种深刻的方式提醒着人类命运的共通、共融，在这样的大灾难面前，人类更应该打破隔阂、互助合作，方能凸显人类社会的理性之光、文明之火。正如中国向塞浦路斯捐赠的抗疫物资上所写的："中塞友好，天下一家。"面对席卷全球的灾难，只有团结互助才能共克时艰。秉持人类命运共同体的理念，唯愿世界在多边共同努力之下不断紧密联系、加强合作，创造更美好的未来。

下篇

塞浦路斯与中国

半个世纪的老朋友——中塞友谊

中华人民共和国与塞浦路斯共和国自 1971 年正式建立外交关系以来已经有半个世纪。两个国家一个地处亚洲东部,一个位于地中海地区。从北京到尼科西亚的直线距离有 7000 多千米,即使相隔万水千山,也无法阻隔中塞之间深厚的友谊。早在 2000 多年前,中国与塞浦路斯就通过古丝绸之路建立起紧密的联系,现如今两个历史悠久的国家正在"一带一路"的友好倡议下,携手并进,共同迈向更加灿烂的未来。

中国驻塞浦路斯大使刘彦涛在接受塞浦路斯国家通讯社、最大英文报《塞浦路斯邮报》和《黎明报》等主流媒体联合采访时就肯定了中塞友谊。他表示:"塞浦路斯一直是中国的好朋友和好伙伴。中塞友谊建立在相互信任和共同价值观的基础之上。多年来,两国关系不断发展,双方在贸易、投资、能源、通信、交通、农业、教育、文化等领域的互利合作不断深化。我们期待中塞关系在各个维度实现更加深入和紧密的发展。"[1]

在关于两国的深化合作方面,刘彦涛大使强调:"塞浦路斯是中国提出的'一带一路'倡议沿线的重要伙伴。阿纳斯塔夏季斯总统 2019 年访华期间见证签署了一份谅解备忘录,以加强双方在'一带一路'倡议框架下的合作。鉴于目前双方面临

---

[1]　中华人民共和国驻塞浦路斯共和国大使馆:《刘彦涛大使接受塞浦路斯媒体联合采访》,http://cy. china-embassy. gov. cn/sghd/202104/t20210430_8965006. htm,2021 年 4 月 30 日。

的紧迫挑战,优先开展共建绿色、健康和数字丝绸之路等合作恰逢其时。两国各级政府和私营部门都对扩大相关领域的合作表现出极大兴趣。'一带一路'最终会成为促进共同发展的纽带。……中方赞赏塞浦路斯致力于推动建立健康稳定的中欧关系,并在促进中欧更紧密的伙伴关系和对话方面发挥了建设性作用。良好的中欧关系符合双方利益,也符合塞浦路斯作为欧盟成员国的利益。"①

古丝绸之路连通欧亚,在中国与世界其他国家之间架起了一座沟通之桥、贸易之桥、友谊之桥。塞浦路斯位于地中海要道,是欧亚之间重要的海上通道,自然也成了来往商船的货运集散地、中转地,发达的贸易口岸能为过往商人及时提供补给。中国的茶叶、丝绸、瓷器便是从这里转运至西欧及北非的许多国家和地区的,当时的塞浦路斯人对中国的了解多是通过一碗茶、一匹布开始的。后来,一位著名的希腊作家尼可斯·卡赞扎基斯(Nikos Kazantzakis)将鲜活而又生动的中国带到了希腊语读者的面前,塞浦路斯人通过他的著作《中国纪行》才开始对中国有了更深入而全面的了解。

卡赞扎基斯一生游历各国,不仅是一名游记作家,还是著名的小说家、诗人和散文作家,素有"希腊鲁迅"的称号。他的作品具有批判精神,一直都极具争议性,他还曾获得诺贝尔文学奖提名。他虽在希腊出生、长大,受到了天主教及古希腊文化的熏陶,但在游历中国时,又受到佛教以及共产主义思想影响,这些都体现在他创作的诸多作品中。他的作品也体现了他对人生及命运的思考,卡赞扎基斯毕生都在身与灵的斗争中追

---

① 中华人民共和国驻塞浦路斯共和国大使馆:《刘彦涛大使接受塞浦路斯媒体联合采访》,http://cy.china-embassy.gov.cn/sghd/202104/t20210430_8965006.htm,2021 年 4 月 30 日。

求精神上的安宁。他曾先后于 1935 年和 1957 年访问中国,尤其是第二次的中国之行给他留下了深刻的印象。当时,他虽然已经年过七旬,而且疾病缠身,但仍然接受了邀请到访中国。在这次访问中,他不仅与时任中国人民保卫世界和平委员会主席郭沫若、作家茅盾以及画家齐白石进行了面对面的交流,而且应邀观看了梅兰芳大师的京剧演出,对中国国粹的喜爱之情溢于言表。除了与中国作家、艺术家进行文学、艺术方面的交流外,卡赞扎基斯在此次访问中还受到了周恩来总理的接见,就塞浦路斯问题(分裂与内乱等)进行了会谈。他在中国的游览路线也是由周恩来总理亲自安排的,行程由北向南,从北京出发到汉口,乘轮渡游长江三峡,最后抵达云南昆明,一路上他充分感受到了中国不同地区的风土人情,也为他的游记提供了许多素材。在结束了中国之行以后,他还访问了其他国家。回到欧洲后不久,他便因病逝世。他的墓志铭里这么写道:"我一无所求,我一无所惧,我是自由的。"①

《中国纪行》一书介绍了卡赞扎基斯 2 次到访中国的所见所闻,前半部分以深刻的思想表达了他对人生、国家、民族命运的思考,后半部分则记载了 20 年后他故地重游的情境。卡赞扎基斯用赞叹与欣喜的笔触记录下他对中国 20 年来巨大变化的惊讶与兴奋。这本书当时在塞浦路斯受到热捧,许多塞浦路斯人正是通过这样一本游记才领略到远在千里之外的东方大国的优美风景以及博大精深的历史文化内涵。据说,他还曾希望以自己在中国的经历以及时隔 20 年再次访问中国的感悟再创作一部《二十年后》,但还未执笔就因病去世了。习近平主席

---

① O'Neil, P. M. *Great World Writers*: *Twentieth Century*. London: Marshall Cavendish,2004:708.

曾在希腊媒体发表的署名文章《让古老文明的智慧照鉴未来》中高度赞赏了卡赞扎基斯的思想:"曾两次访问中国的希腊文学巨匠卡赞扎基斯有一句名言,'苏格拉底和孔子是人类的两张面具,面具之下是同一张人类理性的面孔'。古希腊'智者学派'萌发的人本主义思想同中国儒家坚持的'以民为本'理念有异曲同工之妙。"①

古丝绸之路搭建起了中塞友谊之桥,《中国纪行》又将遥远的东方文明古国生动地带到了塞浦路斯人面前,早在中塞正式建立外交关系之前,两国人民就已经初步建立了直接贸易关系,日益密切的民间交往自然也催化了两个国家建立双边关系的强烈愿望。最终,中塞两国在政治互信、相互尊重的前提下,于 1971 年 12 月 14 日正式建立了大使级外交关系。塞浦路斯一直都将中国看作紧密的合作伙伴,非常重视与中国的双边关系。自 1960 年独立以来,塞浦路斯的每一任总统都曾到访中国,尤其是第一任总统马卡里奥斯,在塞浦路斯争端不断、时局动荡的时候,他不顾个人安危坚决出访中国,受到了毛泽东等中国领导人的亲切会见。两个国家也由此开启了在经济、贸易、旅游、文化、教育、医疗等诸多领域的深入合作与发展,而塞浦路斯也在中欧全面战略伙伴关系发展中发挥了重要的作用。两国虽然很早就建立了外交关系,但直到 1989 年塞浦路斯社会趋于稳定之后,它才在中国开设了大使馆。塞浦路斯位于中国首都北京的驻华大使馆,旨在促进中塞两国双边关系在各个领域(包括政治、经济、贸易及旅游)的发展,提供咨询服务,同时致力于提升塞浦路斯的海外形象。除了负责中国与塞浦路

---

① 习近平:《让古老文明的智慧照鉴未来》,http://www. xinhuanet. com//mrdx/2019-11/11/c_138545334. htm,2019 年 11 月 11 日。

斯往来的相关事务以外,塞浦路斯共和国驻华大使馆还同时负责日本、韩国、朝鲜、蒙古、老挝、柬埔寨等国家与塞浦路斯之间的业务往来。中国驻塞浦路斯大使馆也在塞浦路斯首都尼科西亚为当地华人华侨、赴塞的中国人及赴华的塞浦路斯人提供各种相关便民服务。使馆政治处、经商处、领事部也各司其职,为中塞两国在各领域的交流合作做出了卓越贡献。

　　无论国际局势如何风云变幻,中国与塞浦路斯的友谊始终坚定不移,两个国家在长期的交往中早已培养出深厚的情谊,互相理解、相互信任、彼此支持,友情历久而弥坚。"两国人民在长期交往中培育出相互理解和信任的真挚感情。对中国人而言,远在地中海最东端的塞浦路斯是中国一个最可信赖的朋友。中国政府也始终十分重视发展同这位朋友的友好合作。"①

　　随着交往的深入,中塞两国在政治、经济、文化、教育、医疗等各领域的交流与合作也更加密切,尤其是在新冠疫情大暴发期间,两国通力合作共克时艰。疫情刚暴发时,塞浦路斯政府及时向中国表示慰问,得知中国急需防疫用品时,塞浦路斯当地多个民间组织积极筹集物资向中国捐赠防疫必需品。在塞浦路斯暴发疫情期间,中国政府第一时间向塞浦路斯政府捐赠了口罩、消毒液、防护服等一大批防疫物资,中国的许多民间组织也纷纷伸出援手,以解塞浦路斯防疫的燃眉之急。此后,中国政府还多次向塞浦路斯提供大量防疫援助,获得了当地政府及人民的高度赞扬。塞浦路斯也吸取了中国行之有效的防疫、抗疫经验,在疫情暴发初期就及时采取了隔离、封城等措施,在对抗疫情方面少走了许多弯路,取得了阶段性的胜利。

---

　　① 中华人民共和国驻塞浦路斯共和国大使馆:《傅莹副外长接受塞〈黎明报〉采访》,http://cy. china-embassy. gov. cn/chn/xwdt/201104/t20110407_3132319. htm,2011 年 4 月 7 日。

中塞经贸关系

一个国家的社会发展离不开经济贸易的繁荣与稳定,而世界各国之间的经贸合作则能够促进双边或多边社会共同进步。自塞浦路斯独立之后,在还未与中国正式建立外交关系之前,两国就已经产生了直接经贸往来,虽然当时的贸易体量不大,范围也仅限于农副产品、纺织用品等个别产品,但是双方经贸关系的长期稳定与顺利发展足以说明两国人民对经贸往来的迫切需求以及对合作发展的强烈愿望。

20 世纪 70 年代初期,建交后不久,中塞双方互派访问团为两国经贸更顺畅地发展拓宽道路。当年中方第一次在塞浦路斯国际博览会上派出展览团队,展示了千余种包括纺织品、手工艺品、食品在内的中国产品。当时的中国馆不仅吸引了许多塞浦路斯当地人以及来自世界其他国家的参展、观展人员,而且受到了塞浦路斯时任总统马卡里奥斯及其议长、部长等许多高层的欢迎。正是因为意识到了彼此对经贸合作的强烈需求,中塞两国在协商之后一致同意并签订了《贸易和支付协定》,这也标志着两国正式开启了经贸合作。在该协定中,双方确定了用记账贸易的模式开展经贸业务。两国政府首先在对方国家的银行中开设账户,然后根据双方商定好的年进出口额、商品的种类和数量、执行期限等一系列记账程序,由双方的银行为自己国家的进出口贸易公司提供贸易账目的记入贷出服务,一般情况下银行一年与进出口公司结算一次。这可以说是两国建交以来最早的经贸合作方式。

随着两国社会和经贸体系的发展与转变,最初的记账模式已经无法满足日益增长的市场交易量,于是双方的贸易方式在 20 世纪 80 年代初期经历了第一次改变。中方派出贸易代表团访塞,双方签订了新的协定,记账模式也变成了现汇贸易。相比之下,使用现汇进行交易的买卖双方自由度更高,交易的灵活性和时效性也更强。之后,塞方也派出了商贸代表团访华,进一步促进了彼此的经贸关系,而且两国还在塞浦路斯第二任总统斯皮罗斯·基普里亚努(Spyros Kyprianou)访华期间签订了《经济和科学技术合作协定》。此后几年间,两国还签署了《旅游合作协定》,并且举办了第一次中塞经济、贸易和科技合作联委会(现称中塞经济联委会)会议,两国的进出口贸易总额以及双边经济总量都呈明显的上升趋势。

到了20世纪90年代,随着中塞双边关系逐渐密切与深入以及社会、科技发展和进步,两国的经贸联系也更加紧密。塞浦路斯第三任总统乔治·瓦西利乌(George Vasiliou)应邀访华,并发表了题为《塞浦路斯与中国贸易前景广阔》的演讲。他坦言,中塞之间的进出口总量和贸易往来还存在着巨大的潜力,两国的经贸合作还有进一步发展的空间。在这次访华行程中,中塞两国领导人还就共同建立合资企业以及在交通运输方面的双边合作等进行了讨论并且交换了意见。随行的塞浦路斯工商代表团还与中国的多家对外贸易企业及政府人士就双方的商贸合作进行了多轮洽谈。最终在两国政府的大力支持下,第二次中塞经济、贸易和科技合作联委会会议在北京召开,双方签订了《避免双重征税协定》以及《海运协定》,经济合作范围迅速扩大。到1991年,两国的贸易总额已经是1989年贸易总额的3倍多。

进入21世纪以后,世界经济发生了巨变,经济全球化、世界多极化趋势明显。各个国家之间的贸易、投资、金融产业也发生了重大变革,日新月异的科技革命推动了各地区的经济模式转变,打破了传统国际贸易壁垒,促进了世界经济新秩序的建立,世界贸易的新格局形成了。随着世界经济的新发展,中塞两国在经贸领域的合作也上升到了新高度。2000 年伊始,两国就草签了《航空与运输协定》,随后又签订了《相互投资保护协定》。2004 年,塞浦路斯正式成为欧盟的一员。为了刺激经济,塞浦路斯政府不仅对欧盟成员国放宽了直接投资政策,简化了相应的行政程序,而且专门为中国投资者制定了一项在塞浦路斯购房置地的新政策,吸引了许多人的关注。2006 年,两国签订了新的《经济合作协定》,贸易额每年都成倍飙升,2010年更是突破了 10 亿元大关,达到历史巅峰。

在接下来的时间里,两国经贸合作一直保持稳定发展的态势,尤其是在中国提出"一带一路"友好倡议之后,塞浦路斯政府第一时间表态,愿意充分发挥自身的地缘和区域优势,坚决支持并积极参与中方倡议,与中方一道深入拓展海运、港口、基础设施建设以及油气开发、旅游、农业等领域的双边合作,继续加强人文、教育等领域的交流,同时塞方还欢迎更多中资企业和中国公民来塞投资、旅游。在这样的友好氛围下,双方于2016 年成功举办了第七次中塞经济联委会,就落实两国经贸领域所达成的共识以及在"一带一路"框架下实现经济发展、务实合作和深化中欧经贸关系等议题深入交流并交换了意见。2017 年,塞浦路斯总统尼科斯·阿纳斯塔夏季斯(Nicos Anastasiades)应邀访华并被中国人民大学聘为名誉教授。他在中国人民大学发表了题为《塞中两国关系和未来长期友好》的演讲,特别指出:"由习近平主席在 2013 年提出的'一带一路'创想同样构成了一个伟大的愿景。它基于重启 2000 年前连接亚洲与欧洲古丝绸之路的创想,为当今世界多边经济秩序提供了有力支撑。""'一带一路'创想是亚欧共同发展征程上的关键一步。塞浦路斯共和国和中华人民共和国从 1971 年建立外交关系以来,在各个领域都享有杰出而真诚的友好关系。塞浦路斯处在欧、亚、非三洲的十字路口上,愿意成为推动'一带一路'价值和目标的积极角色。'一带一路'创想同样关乎青年,鼓励教育与文化的交流,因为是青年构成了社会的未来。"①同年5月,塞浦路斯还申请以域内成员身份加入亚投行,并提出愿意为推动中塞及中欧的合作与进步、和平与稳定贡献力量。当时,中国已经成为塞浦路斯第四大贸易伙伴和第三大进口来源国。

近年来,中塞两国的经贸关系一直稳步向前,硕果累累,双方政府间高层对话日益频繁。两国在电信、交通、信息技术、基础建设、油气开发、特色旅游等领域的投资也正如火如荼地进行着,中塞双边贸易以及中欧多边贸易正以新形式、新特征蓬勃发展。

中塞在文化、教育领域的交流

如果说经济活动保证了人类的物质基础,那么文化和艺术则直接体现了一个社会的精神价值。千百年来,人类社会在漫长的历史画卷中不止一次描绘出灿烂的文明、伟大的创造和颠覆性的认知,这些都得益于人类对丰富而又宝贵的文化财富一代又一代的保护与传承、交流与融合、发展与创新。文化和艺术是独特的,一个民族在其赖以生存的自然环境中通过劳动创造出独属于这个民族的物质和精神结晶,不仅被这一民族中的所有成员普遍接受,而且广为流传,最终成为这个民族的象征。文化和艺术是包容的,各个独特的民族在长期的交往与互动中

---

① 陈骊骊、毕玥:《塞浦路斯总统尼科斯·阿纳斯塔夏季斯到访中国人民大学 获聘名誉教授并发表演讲》,https://news. ruc. edu. cn/archives/114890,2015年10月16日。

相互影响、彼此融合,积极发展双方的共通之处,尽力理解彼此的不同之处,并在层出不穷的摩擦与谅解中相互理解、彼此包容,实现真正意义上的美美与共,和而不同。当 5000 年的中华文明遇上 7000 年的地中海文明,就注定了这是一场既独具特色又相互包容的浪漫邂逅。

从文化角度来看,古丝绸之路是一座连通了欧洲、亚洲与非洲各国思想与文明的友谊之桥。中国与塞浦路斯自那时起便开启了文化交往与联系。1971 年两国建交以后,文化方面的合作一直稳步向前。两国于 1980 年在北京签署了政府间《文化合作协定》,之后的几年间还先后签署了 9 个年度执行计划。进入 21 世纪以后,两国的文化交流更加密切,尤其是"一带一路"倡议的提出更是为中塞两国的文化交流提供了广阔的平台。

2005 年 10 月,由塞中友协牵头,中国驻塞浦路斯大使馆张利民大使的夫人、中国著名水彩画画家李亚军的个人画展,在塞浦路斯首都尼科西亚梅丽娜·梅库利文化中心隆重举行。塞浦路斯总统帕帕佐普洛斯亲临揭幕,塞浦路斯议长赫里斯多菲亚斯、教育与文化部部长乔治亚基斯以及塞中友协主席等塞浦路斯政界、文艺界、教育界人士共计数百人出席了开幕式。帕帕佐普洛斯总统在开幕式致辞中风趣地表示,大使夫人展出的作品中,有相当数量的画作诞生于塞浦路斯,这说明古老、美丽的塞浦路斯给予大使夫人很多创作灵感。总统还说,画展表明,艺术没有国界,友谊四海相通。中国人民让塞浦路斯人民有机会欣赏到中国艺术家的精美作品,充分说明了塞中两国人民的深厚友谊。在个人画展前,李亚军还专门为总统帕帕佐普洛斯画了一幅标准像。总统表示非常满意,调侃画像比他本人还要帅,他会永久珍藏这幅代表塞中友谊的画像。此事在当时引发热烈反响,延续了塞中友谊佳话。

2013 年 12 月,塞浦路斯教育与文化部部长访华,双方签署了加强文化合作的谅解备忘录。一个月之后的 2014 年 1 月,中国文化部部长访塞,两国文化部又签署了《2014—2018 年度文化合作执行计划》。同年 10 月,"塞浦路斯—中国文化节"暨"无锡风情"图片展在塞浦路斯首都尼科西亚成功举办。塞浦路斯总统、塞浦路斯民主大会党主席、塞浦路斯教育与文化部部长、中国驻塞大使、中国无锡市政府副秘书长及塞浦路斯文化协会主席共同出席了活动并分别致辞。这一活动是近几年中塞文化领域交流合作的最重要活动之一,为拓展两国的人文交流、加深塞浦路斯民众对中国的了解、深化两国人民的友谊做出了重要贡献。①

此后,每年塞浦路斯都会举办与中国文化相关的系列活动。2015 年,塞浦路斯首次举办了"欢乐春节"活动,塞浦路斯民众第一次近距离感受到中国人迎接新年的民俗风情,中国的年俗、年味也第一次漂洋过海到了千里之外的地中海岛国。2016 年,中国驻塞大使馆与帕福斯市政府共办"中国文化之夜"系列活动。2017 年,中国驻塞大使馆举行"心相通"系列文化活动,两国还在旅游、新闻和广播电视等方面签署了合作协定或议定书。2019 年,两国一致同意并顺利签署了《2019—2022 年度文化合作执行计划》。2020 年,虽然受到了新冠疫情的影响无法在线下举办活动,但是中塞两国人民文化交流的热情不减,中国文化节也第一次被搬到了网上。中塞两国艺术家们的"云演出"得到了两国人民的点赞与好评。2021 年,中塞建交

---

① 中华人民共和国驻塞浦路斯共和国大使馆:《塞浦路斯—中国文化节"开幕　无锡风情惊艳尼科西亚》,http://cy. china-embassy. gov. cn/chn/zsgk/zsgx/201410/t20141010_3413613. htm,2014 年 10 月 10 日。

50 周年之际,两国将举办更多丰富多彩的文化交流活动以庆祝并纪念两国人民悠久而深厚的友谊。

中塞在教育领域的交流也随着日益密切的文化交往而联系得更加紧密。2014 年,借助"一带一路"倡议,塞浦路斯首家孔子学院在塞浦路斯大学揭牌成立,这也意味着所有欧盟成员国均成立了孔子学院,与中国的大学之间在教育科研领域进行了进一步的交流。塞浦路斯大学是塞浦路斯独立以来成立的第一所公立大学,也是塞浦路斯较好的大学之一,在世界大学的排名中稳居前 500。塞浦路斯大学孔子学院(以下简称"塞大孔院")的中方合作院校是中国北京教育学院。两校自建立合作关系以来就成立了孔子学院理事会,每年都在中国或塞浦路斯举行理事会会议,总结孔子学院一年的工作进展,同时共同讨论制订下一年的发展计划。塞大孔院为中塞人文交往与学术交流做出了积极努力,除了在大学里开设常规汉语课、中国文化课外,还面向塞浦路斯各界人士提供包括中国书法、中华茶艺、中国曲艺鉴赏等在内的许多文化体验课程,并且经常组织汉语沙龙、中国电影放映、当代中国图片展等一系列文艺活动。此外,塞大孔院还积极参与驻塞大使馆组织的文化活动,并与当地华人社团合作组织"中国文化节""中华才艺大赛"等一系列丰富多彩的中国文化活动。其中"中塞友好趣味运动会"秉持友谊第一、比赛第二的体育精神,在紧张的竞技和友好氛围中巩固了中塞人民的友谊,大获好评,被定为塞浦路斯的一项年度活动,每年都由不同的城市主办。另外,塞大孔院还成立了塞浦路斯唯一的汉语水平考试中心,每年都有学生通过优秀的汉语水平考试成绩成功申请赴华留学,在中国的大学里继续深造学习。塞大孔院每年举办的赴华夏令营活动也一直受到当地大学生的热捧,"震撼、惊喜、难忘"是参加过这个活动的学生提到最多的感叹词,这也足以说明当代中国的魅力与实力。

　　塞大孔院不仅是中塞文化教育沟通的重要桥梁,而且肩负着促进两国人民相互了解、相互体谅、互学互鉴的重要使命。时任塞大孔院中方院长的王武兴教授在他的自传中感叹:"直到退休后还能来到地中海上的明珠——岛国塞浦路斯传播汉语和中国文化,结交了这么多的中外朋友,成为文明互鉴、民心相通的文化教育民间使者,与我这一代很多同龄人相比,我无疑是非常幸运的。"①现在两国教育领域的深入交流也促使中国赴塞的留学生数量逐年递增,在塞浦路斯大学、塞浦路斯欧洲大学等塞浦路斯高等学府的校园中时常能看到中国学生的身影。塞浦路斯欧洲大学在 2016 年签署了《世界大学联盟"一带一路"倡议》,并积极与包括中国社会科学院大学、哈尔滨理工大学、武汉理工大学在内的许多中国高校保持联系。随着越来越多的中国人赴塞工作、生活,塞浦路斯各个城市也开始出现中文学校或中国国际学校,许多当地的中小学也纷纷开设汉语课。如今,中塞两国在文化、教育领域的交流正处于历史最好时期,两国人民也正在通过"一带一路"增进了解、深化友谊。

　　"一带一路"倡议奏响了时代的号角,和平与发展依然是当今世界的主旋律。和平是世界居民相互尊重、相互信任、相互理解之下共同进步的必要前提,发展是各个国家面对困难、面对危机、面对阻碍之时共克时艰的重要出路。"一带一路"从中国出发,连接亚欧各国以及非洲大陆,就像一条源源不断的活

---

　　①　王武兴:《我的故事——岁月如歌》,香港先锋国际集团有限公司2020 年版。

水注入缺乏活力的汪洋,为走到瓶颈的世界经济提供了一种切实可行的发展方案。目前积极加入"一带一路"倡议的国家仍以发展中国家居多,这也意味着中国在为世界搭建了一个合作平台之后还要付出更多努力,以自身发展为榜样来吸引较发达的国家加入,从而带动世界经济的发展。

在这一形势下,中国与塞浦路斯的合作就显得尤为重要。虽然塞浦路斯人口不多,市场体量不大,但是其地理位置具有十分重要的战略意义,又是欧盟成员,拥有关键性的地缘优势和政治优势,经济发展潜力不可小觑。中塞两国地理上虽然相隔万水千山,但自古以来就是好伙伴、好朋友。两国最早就是由经贸合作打开了一道友谊之门,然后随着彼此之间不断深化的政治互信以及深入了解,文化、教育、旅游、能源、通信、农业、医疗、基础设施建设等许多领域的合作逐步开花,积极扩大共同利益,努力增进彼此信任。塞浦路斯不仅与中国的双边关系保持稳定,而且作为欧盟成员国之一,为中欧的合作与发展做出了积极的努力,为中国与欧盟其他成员国改善和强化多边关系做出了重要的贡献。

近年来,中塞许多合作项目越来越"接地气",塞浦路斯普通民众也能在家门口用上中国制造。2020 年,200 辆金龙客车从厦门前往塞浦路斯。这次出口为中国客车驰骋欧洲奠定了新的里程碑。这批车辆将投入塞浦路斯首都尼科西亚的公共交通线路运营。值得一提的是,车辆搭载了金龙全健康客车的自动喷淋系统,可高效完成车内乘客易接触物及空气的消毒灭菌。在新冠疫情全球流行的大背景下,具有更强"免疫力"的金龙客车的到来,能够有效助力塞浦路斯疫情防控,为当地民众带来更为安全的出行。① 与比利时、马耳他和立陶宛一样，塞浦路斯的 4G 网络设备全部来自中国，而在其他欧洲国家，中国设备的市场平均占有率也超过了 50%，随着技术的升级换代，5G时代的到来对塞浦路斯来说是必然的。塞浦路斯电信运营商CYTA 宣布，其正在使用华为与爱立信的设备建设 5G 网络。这说明凭借在 5G 领域的绝对技术优势，华为已经把大部分欧洲国家的 5G 订单都拿到手了。自新冠疫情暴发以来，中塞两国在医疗方面也开展了密切合作。塞方卫生官员和专家参加了中方发起的关于新冠疫情防控的线上研讨会。中国驻塞大使馆还向塞浦路斯大学、尼科西亚大学和塞浦路斯欧洲大学联合开展的一项新冠抗体研究项目捐款。中塞相关卫生合作正朝着联合研究和知识共享的方向发展，这是提升应对新冠疫情和今后突发公共卫生事件能力的必要步骤。克服新冠疫情的挑战之一，就是要尽量降低疫情对人员流动的影响。全世界特别是严重依赖旅游业的国家，都感受到了疫情对经济和社会造成的巨大压力。疫苗护照是逐步恢复全球旅行和商业活动的最佳途径。中方与包括塞浦路斯在内的多个国家探讨了疫苗护照互认问题。双方共同努力，使疫苗护照在各自国家法律法规允许范围内具备技术上的可行性。

　　未来，中塞两国的合作与发展将继续朝着更全面、更深入的领域迈进。中国驻塞浦路斯大使刘彦涛在参加由华为公司与塞浦路斯大学共同举办的第四届"未来种子计划"闭幕式时表示："中塞关系正处于历史最好时期。活动增进了中塞产、学、研合作，正是深化中塞友好、扩大互利共赢的题中之义。参

---

① 客车网：《200 辆金龙高端客车出口塞浦路斯　再创中国客车出口欧盟大单》，https://m. chinabuses.com/news/10/article_94500.html，2020 年 5 月 28 日。

会学生既是塞浦路斯未来高科技领域的种子,亦是中塞友谊的种子。愿与各方携手合作,让中塞友好的种子生根、发芽、开花、结果,更好造福两国人民。"①

---

① 中华人民共和国驻塞浦路斯共和国大使馆:《刘彦涛大使出席2020年"未来种子计划"闭幕式》,http://cy. china-embassy. gov. cn/sghd/202011/t20201116_3131930. htm,2020年11月16日。

旅塞华人掠影

　　1971—2021 年,时光荏苒,中塞建交已走过 50 周年。50 年的时光交织着一批批旅塞华人的年华与阅历。在此书编写过程中,笔者有幸采访到数位旅塞华人,他们或是前往塞浦路斯留学,或是打工,或是购房投资。他们旅塞的目的各不相同,时间跨度从 1989 年到 2020 年。接下来与笔者一起体会其中的时代变迁吧。

20 世纪 90 年代的留学

　　题记:1971 年中塞两国建交后,塞方一直没有外派驻华大使,直到 1989 年,塞浦路斯驻华大使馆才在北京正式开馆,从此开启了两国的人员往来和经贸文化交流的篇章。当时与小凝同批的不到 20 位的留学生,成了中华人民共和国成立后第一批因私赴塞以学生签证身份登岛的中国人。这批学生年龄大多在 30—40 岁之间,多数来自天津,少数来自北京与广州,全都分散在尼科西亚不同学校学习。

　　1990 年 11 月,从寒冬的北京出发,惜别父母与新婚妻子,一个中国年轻人小凝背上简单的行囊,怀揣 2000 多美元踏上前往塞浦路斯的留学之旅。
　　为什么选择塞浦路斯?
　　这便不得不说小凝与塞浦路斯青年麦克的不解之缘。麦克当时正好在北京念书,在中央美院学习。通过朋友的介绍,小凝与麦克相识,并了解到塞浦路斯是一个神奇的国度,虽然是一个小岛,却在上万年前就有人类活动的历史;地域狭小,却有着蔚蓝的海水和金黄色的海岸。听着麦克绘声绘色的介绍,小凝被塞浦路斯绚烂的历史文化所吸引,心中油然升起了对塞浦路斯的向往。

小凝与麦克之间的缘分远不止于此。1989 年,塞浦路斯驻华大使馆正式开馆,由于麦克在中国多年,了解中国文化,能熟练使用汉语,他被聘为首批签证官,留在塞浦路斯驻华大使馆工作。小凝去使馆办理赴塞学生签证,当时护照上的塞浦路斯签证章还是麦克盖的。

不仅如此,麦克还将自己的妈妈介绍给了小凝,希望在小凝抵达塞浦路斯后,妈妈能关照身处异国的小凝。

小凝与麦克妈妈一家长达 30 多年的异国情缘缓缓拉开了序幕。

1990 年冬,经过 79 小时的长途飞行后(当时北京与拉纳卡之间没有直航,在莫斯科转机时,需要停留 2 天),小凝拖着疲惫的身躯走下飞机,在瓢泼大雨的夜幕中落地拉纳卡。那场大雨,在当地十分少见。塞浦路斯可是个以一年拥有 360 个晴天的良好气候而出名的国家,在这样的大雨下,小凝心里彷徨又无助,忐忑地嘀咕:"麦克妈妈还会来接我吗? 如果不来,我又该怎么办?"

在过海关时,小凝被盘查到身上仅携带 2000 多美元,只够支付在塞的学费,而留学生在塞浦路斯是不能打工赚钱的,因此塞浦路斯移民局以随身携带现金不足为由,将他带到办公室盘问。小凝心里有点害怕,不知所措,要是被遣返可怎么办?

突然,他发现窗外有一位和蔼可亲的金发女士,正在慈祥地打量着他,并向他挥手致意。他意识到这就是麦克妈妈,一下子就放松了。只见麦克妈妈也被请进了办公室,顾不上跟小凝打招呼,便严肃地与移民局官员进行沟通。小凝虽然听不懂他们说什么,但是可以感觉到麦克妈妈越说越激动,最后一边说一边把右手放在胸前,在移民局官员递过来的一张表格上郑重地签了字。

签完字后,麦克妈妈快速起身,笑容满面地走到小凝面前,以西方人的传统贴面礼和小凝拥抱。小凝眼里泛出晶莹的泪花,激动地向麦克妈妈表达感谢。两人相拥着离开了移民局的"小黑屋"。

后来,小凝才得知,那天麦克妈妈签的是担保书,是她在移民局官员面前为小凝做出了保证,才使得小凝免遭被遣返的命运。

当年塞浦路斯的夜晚,除了出租车外并没有其他公共交通工具。得知与小凝一同抵达的还有2个来自天津的年轻夫妇,他们都因为经济窘迫而为如何前往尼科西亚犯难时,麦克妈妈二话不说,一手揽着小凝,一手拉过天津夫妇,热情地招呼道:"走,一起去我家住,明早天亮了,你们再去尼科西亚!"

第一晚,小凝便深深地被塞浦路斯人的善良、豪爽、热情好客所感动。那一晚起,小凝的人生中多了一位可亲可爱的妈妈,更多了妈妈家里的8个兄弟姐妹。

艰苦的塞浦路斯求学时光在妈妈的关怀下,平添了许多的温情。妈妈家住达利(Dali),一个离尼科西亚不到20千米的美丽小村庄,离小凝就读的学校不远。节假日时,妈妈总是邀请小凝去家里做客,体验塞浦路斯式家庭氛围。英美人相处总有点"不近人情",即便家庭成员间也非常讲究距离感。塞浦路斯人虽然也讲英语,但在民族性格上,显然更偏向于希腊、意大利式的南欧性情,待人热情豪爽,更为注重家庭联系。

除了妈妈一家外,在尼科西亚,小凝还结识了很多塞浦路斯朋友,其中就包括情同手足的异姓兄弟扬尼斯和马里奥。他俩是小凝住家附近菜市场的商贩,在一起搭伙卖菜,是市场内最大的摊主。小凝当时经常去市场买菜,只要从他们的摊位前走过,他们就热情招呼,并把菜低价卖给他,理由很简单:"我们喜欢中国,爱中国。"虽然小凝下意识拒绝他们的好意,但他们总是很坚持。他们的热情和善意让小凝十分感动,总想着如何回馈他们的好意。后来,小凝就在早上5点多他们出摊前来到菜市场,帮他们从卡车上卸货。此后在塞浦路斯生活的几年时间里,只要小凝家需要菜和水果,兄弟俩总是让他们"take,take"(拿走,拿走),分文不取。

虽然朋友温暖了小凝的留学生活,可不得不说,当时的留学生活还是非常艰苦的。远行前,家里交给小凝的2000多美元其实也是东拼西凑而来的,要知道当时小凝在国内一个月的工资才70块(不到10美元)。这笔巨款在缴纳了尼科西亚学校的学费后,所剩无几。而塞浦路斯对外来务工人员管理非常严格,按规定留学生是不能打工的,所以小凝在塞浦路斯也没有什么经济来源,在岛上的生活很拮据。犹记得最窘迫时,马上就要交房租了,当时的房租是75塞镑(当时1塞镑约等于2美元),而小凝的口袋里仅有5塞镑。虽然最后很幸运,在朋友的介绍下,小凝去餐厅打工,终于有了收入,把房租攒齐了,但是当时的那种窘迫现在都让他记忆犹新。

生活不易,求学也并不轻松。因为当时申请去塞浦路斯很匆忙,专业选择比较草率,最后申请去的是一所语言学校,学习希腊语。但是希腊语太难学,学起来很费劲。而且平时在塞浦路斯的交流都用英语,不用依靠希腊语,所以很可惜,最后一直到离开,他在希腊语学业上也没有什么显著的进步。

此外,塞浦路斯生活之平静祥和出乎小凝的意料。20世纪90年代初期,世界局势多变,苏联解体,塞浦路斯地处欧、亚、非中心地带,距离伊拉克、科威特仅1000多千米。1991年海湾战争爆发,海洋对岸战火纷飞,而塞浦路斯依然平静,没有枪声,没有抢劫,甚至很少见到人们吵架,更不用说打架动粗,真正地做到了路不拾遗、夜不闭户。

更重要的是,塞浦路斯地据要塞,距离中东地区近,外交关系融洽,且岛内又享有与世隔绝的和平,其战略地位备受世界各国的重视。相比岛内小巧精致的建筑,美、俄在塞浦路斯的大使馆都显得非常壮观气派;而且世界各大新闻报社都在塞浦路斯设有常驻通讯社,如美联社、路透社、塔斯社、新华社等。

20世纪90年代的塞浦路斯正处于经济腾飞时期,对比当时紧张的世界局势,塞浦路斯的祥和与繁荣不免令人生羡。犹记得当时的塞浦路斯,基本每户人家都有汽车,二手汽车则更是便宜得令人咋舌。男生对汽车的向往总是挡不住的,后来在塞浦路斯攒够钱之后,小凝咬牙买了一辆二手汽车,200塞镑不到,虽然它经常抛锚,但是给小凝带来了生活的便利与出行的自由。

抵达塞浦路斯前,就听闻其分裂状态,小凝原本有点担心、有点好奇。但到了尼科西亚之后发现,这里的人们生活富足安乐,丝毫没有恐惧与担心。当时,小凝就住在尼科西亚老城,紧挨着联合国维和部队驻扎的绿线边。除了绿线不可跨越与不能拍照等规定外,周边的人群都按部就班地维持着每天上班、喝咖啡、聊天的日常生活,遇到节假日,还与家人一同前往帕福斯等海边城市度假。生活悠闲安逸,让人羡慕。

小凝在塞浦路斯的求学之路一共持续了5年,就连孩子也是在塞浦路斯出生的。因为到塞浦路斯后 1 年不到,小凝的妻子就来塞浦路斯陪读。小俩口在塞浦路斯团聚了。1995 年,小俩口爱情的结晶降临,俩人计划回国。妈妈对即将到来的离别非常不舍。为了维持这段剪不断的情感,加强纽带联系,妈妈亲自做了小孩的教母,从此多了一位名义上的儿子,并为孩子举行了一场盛大的派对。那晚,妈妈做了最拿手的塞浦路斯传统美食,召集全村人参加,男女老少按照东正教的传统礼仪送上对孩子的祝福。

1995 年 11 月,小凝和妻子带着 3 个月不到的孩子依依不舍地离开了妈妈一家,告别朋友,回到了祖国的怀抱。

2015 年,小凝一家重返塞浦路斯,重温当年的旅塞生活,重逢妈妈与好友,同时也圆了 20 多年来对塞浦路斯的牵挂。

可亲可爱的妈妈、热情温暖的拥抱、亲如兄弟的扬尼斯和马里奥、熟悉的"take,take"吆喝声,一下子把小凝的回忆带回到 20 多年前,往事一幕幕闪现在脑海中。

塞浦路斯的美景、如家人般温暖的亲情、倾盖如故的友情,深深牵引着小凝一家,吸引着他们在塞浦路斯拥有第二个家。于是,2017 年小凝在塞浦路斯购置房产,拿到了塞浦路斯的永居证,从此往来塞浦路斯便非常方便,对在塞浦路斯的生活也有了新的期待。

20 世纪 90 年代赴塞浦路斯务工

题记:1989 年初,中国经济合作公司烹饪合作处计划在塞浦路斯独资开办一家中餐馆,因此长于做劳务输出的公司便在中国招聘了 9 名工作人员,包括厨师、服务员和翻译等,计划为塞浦路斯中餐馆开业做储备。当时,为餐馆开业,公司还特意采购了大量的物资海运到塞浦路斯。

　　当时年富力强的赵师傅即为 9 名外派劳务人员中的一员，计划担任主厨的职位。但是，理想很丰满，现实很骨感。当赵师傅不远万里从北京去到塞浦路斯时，得到的却是餐馆无法开业的消息。原因很简单，即便是现在的塞浦路斯政策亦是如此，外国企业或个人独资开公司不行，一定得在塞浦路斯寻找合作伙伴，双方各占一半股权。中方无法接受这一提议，于是在利马索尔开办餐馆的计划搁浅。一同抵达塞浦路斯的 9 人因为各种原因，决定分头出去打工，了解利马索尔各个中餐馆的状况。结果，赵师傅发现，原来在当地开中餐馆挺受欢迎的，当时在利马索尔有四五家中餐馆，但是都不是很正宗，大概是厨师大多是泰国人、菲律宾人等非中国人的缘故。

　　这等手艺在持有高级烹调技师证书、在北京高级饭店做过主厨的赵师傅眼里，就是降低了中餐的水准。于是，赵师傅在利马索尔打零工期间就不经意地展示着自己高级烹调师的手艺，展示中餐的高级水准和口感。没想到，真的受到了伯乐的赏识。

　　这位伯乐就是后来赵师傅任职的中餐馆的老板。这位老板在尼科西亚开了一家中餐馆，已经有 10 多年的历史，生意一直很不错。上一任中国主厨离职，他正在寻找下一任主厨接班人。他在利马索尔品尝到赵师傅的手艺后便颇为欣赏，希望赵师傅立即与他签约，到他的餐馆任主厨。

　　赵师傅当时属于公派出国，一切工作事宜都应听从中国经济合作公司的安排，于是并没有轻易答应老板的邀约，而是建议老板跟中国驻塞大使馆商务处联系。3 个月后，应公司要求，赵师傅回国了。

　　尼科西亚的老板却很执着，找到中国驻塞大使馆商务处，跟公司进行沟通，邀请赵师傅去塞浦路斯就职，并表示希望与赵师傅签约 2 年,如果赵师傅一人在外生活不便的话,可以与其妻子一起签约,夫妻二人一同前往塞浦路斯工作。

就这样在短短半年时间内,赵师傅二度登上了塞浦路斯岛。这次一同前往的还有其妻子唐师傅。唐师傅后来便一直在餐馆后厨以助理厨师的身份为赵师傅打下手。

赵唐夫妻二人自入职中餐馆后,确实吸引了很多顾客到餐馆就餐。正宗的中餐口味赢得了当地食客的一致好评,为餐馆树立了良好的口碑。

但是,异国打工并非易事,对于语言不通的赵唐夫妻二人而言,更是如此。最大的困难就是他们不会说英语,也不会说希腊语,语言沟通不畅,导致交际圈闭塞,生活有诸多不便。活动圈有限,基本只能在华人圈子里交友,无法融入塞浦路斯当地人的生活。而唐师傅由于长期在后厨帮工,身体不好,腰椎间盘突出严重,需要经常去医院看病治疗。最后,二人在塞浦路斯工作近 3 年,并未攒下很多积蓄。虽然塞浦路斯工作时薪很高,当时差不多是 1 小时 15 塞镑,但是公派出国,公司要提走大部分工资,个人只能拿到剩余的工资和额外加班费等收入。由于妻子身体不好,为了让妻子有更多时间去医院看病,赵师傅很多时候一人干两个人的活,所以工作委实辛苦。

中国人天性是积极向上的,无论生活多么艰难,中国人总能找寻到生活中的阳光,向阳而生,赵唐夫妇亦是如此。塞浦路斯的打工时光是辛苦的,但生活也有甜蜜的一面。

首先,塞浦路斯人热情豪爽,老板亦不例外。在餐馆工作期间,老板不仅为夫妻二人提供住房以及饮食费用,而且虽然按照合同,夫妻二人每周只能休息一天,但老板还是多给了半天的休息时间。塞浦路斯邻居老太太非常平易近人,唐师傅还在与老太太的不懈沟通中,学会了简单的希腊语。

　　其次,由于尼科西亚有很多中国驻外机构,如大使馆、新华社等,通过中餐馆,夫妻二人结交了很多中国朋友,生活也不至于太寂寞。很多朋友回国后还一直保持联系,友谊长存。记得有一次,当地要举办一场婚礼,新郎正巧是中国上海人,希望请一位中餐厨师去掌勺。赵师傅便受人之托前往帮忙,一天一宿做了好几十桌菜,从中餐到晚餐,热热闹闹地办完了这场婚宴,宾主尽欢。

　　最后不得不提的就是塞浦路斯的生活保障条件确实不错。虽然唐师傅身体不好,经常上医院看病,但因为是公费医疗,所以并未给夫妻二人带来经济上的负担。而且巧合的是,婚礼上的新郎正好是一位中医师,后来在塞浦路斯开了一家私人诊所,在唐师傅康复期间,还为唐师傅做推拿按摩。

　　如果说,对塞浦路斯生活有些许遗憾的话,可能归于两点:第一点是对当时塞浦路斯留学生的境况唏嘘不已。20 世纪 90 年代出国留学是不容易的,无论对哪个家庭来说都是沉重的负担。多数学生在缴纳一年学费后,之后的生活费与后续学费就需要通过自身劳动来获取。赵师傅体谅留学生的处境,有时会给困难学生介绍工作。

　　第二点便是自从 1992 年离开塞浦路斯后,因为家庭与工作的关系,夫妻二人再没回去过。他们有时会怀念塞浦路斯的如画风光,怀念那里安逸静好的生活。

世纪之交的留学

　　题记:1999—2008 年,中国留学生彩芳在塞浦路斯度过了人生中宝贵的 10 年,取得硕士学位,有幸获得大学奖学金资助。经历了塞浦路斯入欧、汶川地震义卖,她积极参与当地的各类活动,还组织了一场当地华人春节联欢晚会,充实且圆满,艰辛但令人成长。10 年的岁月，丰富了彩芳的人生阅历。

　　1999 年，当时的塞浦路斯并没有太多的中国人，彩芳选择去塞浦路斯纯粹是机缘巧合。因为迫切想要改变当时在国内一成不变的工作环境，提升自己的能力，彩芳产生了出国留学的想法。而在众多的尝试中，只有塞浦路斯最快给予了回应。于是，在对塞浦路斯这个陌生的国度没有任何了解的情况下，勇敢的彩芳背起行囊来到了这个让她感慨万千的国度。连她自己都没想到，她竟然在这个原本陌生的国度度过了 10 年的青春时光。

　　回想当年，彩芳仍记得第一年的留学生活是在不断搬家中度过的。在酒店式公寓度过最初的 1 个月时间后，彩芳便同当时的同学一起租房以节约花销。抵达之初，人生地不熟，语言不通，对周边环境多不适应，多亏了塞浦路斯人都非常热情，周边邻居给予了很多的帮助。犹记得，最初租住的房子里没有配置家具，日常做饭都成了问题，邻居知道后便将自己的炊具给了素昧平生的中国留学生们。节日之时，邻居还会跟彩芳她们分享蛋糕，共庆佳节，缓解留学生的思乡之情。

　　初入塞浦路斯，虽然选择的是英语授课课程，但由于自身英语水平不够，上课十分有压力，特别是专业课。印象深刻的是一位微观经济学老师，因其留学背景，英语非常流利，要求十分严格。有一次课后，彩芳上前与老师沟通希望上课语速能慢点，但是老师的回复十分生硬："这是你自己的事，不是我的。"虽然受到打击，但也从侧面激励了彩芳更为努力地学习英语，提升自己的交流能力。

　　除了日常课业外，迫于生活压力，彩芳选择了半工半读。家政服务等各种力所能及的生活技能成为彩芳最初的谋生手段。或许人的记忆是有选择性的,或许打工收获的满足感远大于付出的辛苦,留学生活的艰辛总被云淡风轻地略过,而沉淀下来的总是经历中的幸运与甜蜜。

对于彩芳而言,那些艰难地寻找工作的过程以及在农场、面包店里埋头苦干的情景已经模糊,印象最深刻的都是打工期间留下的美好回忆,包括教授中餐馆厨师英语,以及在餐馆邂逅塞浦路斯贵人,即塞中友好协会主席迪诺斯·弗洛里德斯(Dinos Florides)。

随着沟通能力的提高,彩芳开始在餐馆里做服务生。有一次,彩芳偶然听顾客提起认识一位从中国清华大学留学回国的塞浦路斯人迪诺斯,希望有机会引荐。不久后,迪诺斯果真来餐馆就餐,彩芳对其中国留学经历非常感兴趣,迪诺斯对维系塞中友谊工作也一直保有热情。交流间,热心的迪诺斯表示,塞中友好协会一直在支持优秀的中国留学生赴塞留学,如果彩芳学习成绩能达到全 A,那么迪诺斯便会为其推荐申请弗雷德里克理工学校(Frederick Institute of Technology,现已更名为弗雷德里克大学,Frederick University)的奖学金。

功夫不负有心人。凭借全 A 的成绩单,彩芳如愿获得奖学金,第二年即转学至尼科西亚弗雷德里克理工学校,学习旅游管理,最终顺利获得弗雷德里克理工学校的学士与硕士学位。

因为奖学金的支持,彩芳的经济压力大为减轻,也有了更多的精力投入社会活动中。平时彩芳便是学校活动的积极参与者,化装舞会、圣诞聚餐等都有参与,她还担任学校的中国留学生会主席,积极去使馆帮忙,协助策划画展,参加庆祝典礼等。不过要说记忆最深刻的一次活动,还是 2006 年组织的一场春节联欢晚会。

当时,正值中国驻塞浦路斯大使赵亚力上任伊始,弗雷德里克理工学校校长希望能举办一场与众不同的春节联欢晚会，既为中国留学生庆祝春节，又祝贺新大使到任。彼时的彩芳正忙于自己的硕士研究生课程，课业压力很重，但为了不让校长失望，她还是硬着头皮接下了此次任务。手握塞中友好协会与学校提供的有限经费支持，彩芳能想到的办法就是发挥中国留学生的积极性，群策群力，大家共同举办这场别开生面的庆祝活动。首先，民以食为天。饮食文化在中式庆典中分量很重，春节联欢晚会上肯定要让同学们吃好。在朋友的引荐下，彩芳联系到几位在尼科西亚工作的中国大厨。虽然平时餐馆业务繁忙，但这些大厨一听说是为春节联欢晚会做准备，纷纷表示将尽全力支持，拿出绝活，做出中国菜的特色。其次，春晚是中国人过春节必不可少的电视节目。每逢佳节倍思亲，为缓解同学们的乡愁，彩芳还特意申请了学校的礼堂，搭建设备，用于现场播放春节联欢晚会。最后，来自全国各地的留学生们还为此次庆典精心准备了各种节目，如内蒙古同学的长调表演等。

　　活动当天，赵大使、迪诺斯都到场参加，到场观众数百人，场面可谓盛大，活动非常成功。有趣的是，晚餐中最吸引人的竟然是大厨用南瓜雕刻的鲤鱼跃龙门，吸引了众多当地人的目光。

　　2008年硕士毕业后，因家里的情况，彩芳离开塞浦路斯，至今再未回去。回想起来，彩芳还是很感谢在塞浦路斯的留学经历，感谢让她收获了学业、友谊与阅历的这10年，不负光阴，不负韶华。

　　孤独的留学生活中收留的流浪狗，宽敞明亮的教室以及窗外的海滩，热心朋友的家庭聚会……一张张怀旧的老照片诉说着10年留学生活的点滴，也让她对所有给予过自己帮助与支持的朋友心怀感恩。

新时期，新视角

题记：2020 年，在百度上搜索"塞浦路斯"，出现较多的关键词便是移民、房产与旅游。"黄金签证"的概念被炒得火热，但塞浦路斯除了绚烂美丽的风景外，还有非常严格的外国劳工管理规定。在塞浦路斯，持有永居签证的移民是不能在当地工作的，即便成立公司创业，也需与塞浦路斯本地人合资。那为什么塞浦路斯能吸引越来越多的华人投资呢？

这就不得不提塞浦路斯的另一个吸引点——教育。塞浦路斯的教育沿袭英式教育体系，契合欧盟与英美教育标准，有 12 年的免费公立教育，而私立学校收费性价比高，因此吸引越来越多的低龄留学人员赴塞学习。浙江杭州的中学生文文便是其中一员。文文对塞浦路斯中学教育的感触如何呢？

2019 年，娟姐与她 14 岁的女儿文文第二次踏足塞浦路斯。这次登岛主要是为了解决文文的高中升学问题，娟姐在衡量各方利弊后决定让文文转学到塞浦路斯的高中，体验塞浦路斯的快乐教育。不久后，文文便顺利地成为塞浦路斯私立中学的一名学生，而娟姐自然留在塞浦路斯陪读，照顾其生活起居。

文文的留学年龄小，15 岁不到，而娟姐做出的留学塞浦路斯的决定已截然不同于 20 年前的留学者，更多是自身选择的结果，显示出更多的主动性。

2016 年，娟姐第一次到塞浦路斯旅游，便为塞浦路斯岛温和的气候、绚丽的海滩与深厚的历史底蕴着迷，而且觉得岛内平静祥和的生活环境非常适合自己。彼时的文文刚开始在浙江杭州的初中学习，压力非常大，虽然女孩十分努力，但在理科学习方面已显示出明显的分数差距。面对国内绕不开的中考竞争压力,娟姐十分焦虑,为此还特意请教了儿童心理学专家。专家反馈,对数学学习的不擅长只能说明文文的逻辑思维存在短板,但形象思维可能是她尚未被挖掘的长处。

专家的一席话启发了娟姐,也转变了娟姐对文文的培养方向。回想起文文从小便展现出的语言天赋,娟姐思考着如何扬长避短,尽可能发挥文文语言与乐理学习天赋,规避其数理学习的短处。

于是,娟姐便琢磨着让文文转换学习环境,最好前往小语种国家学习语言。了解到塞浦路斯良好的教育体系、高升学率与英语普及率等硬性指标后,娟姐心动了。

2019年,通过房产投资,娟姐一家获得塞浦路斯永居签证,这才有了后来母女俩登岛求学的一幕。虽然抵达塞浦路斯后不久,当地就受疫情冲击,文文不得不在家上网课,但是文文对塞浦路斯的教育环境适应良好,快乐学习的理念不仅减轻了文文的学习压力,还转变了文文的学习理念。娟姐为自己的决定欣慰不已。

从择校开始,塞浦路斯便给予文文更多的选择权以及尊重。塞浦路斯公立教育对外籍学生是免费的,但由于其官方语言是希腊语,公立学校的教学语言也是希腊语,文文暂时没有挑战希腊语的打算,所以英语授课的私立学校或者国际学校便成为文文的优先选择。

由于之后的学业规划,文文选择申请英语授课的私立学校。类似的学校在塞浦路斯各地都有分布,也有排名高低之分。如果要申请排名靠前的中学,同样是需要考试的,区别在于入学考试没有一考定终身的压力。塞浦路斯中学的入学考试是开放式的,每3个月便能循环参加,只要达到入学要求便可以收到录取函。更重要的是,由于各个学校培养目标不同,考试的题目与侧重点也各不相同,例如有的偏向理科,有的偏重智力竞赛。如此,申请人就能依据自身优势来选择心仪的学校。

更让娟姐和文文受宠若惊的是校方对新生的重视与尊重。新生入学需要先面试,娟姐选取了几所学校预约面试,接待娟姐母女的面试官大多数是校长级别的。除了询问孩子的学习现状与申请学校的理由外,校长还会带领娟姐母女两人参观学校,以便她们更全面了解学校的现状和教学情况。印象特别深刻的是有一次面试,接待他们的是校长夫人。面试完毕后,校长夫人带领娟姐母女参观了学校的课堂教学。刚开始娟姐还有点担忧,怕打断孩子们的上课节奏。结果,校长夫人带领访客从教室后门进入后,全班同学都转头向娟姐和文文问好,热情地打招呼。当了解到娟姐希望了解中国学生在塞浦路斯的学习情况后,校长夫人还特意邀请学校在读的一位中国学生来做当天的陪同翻译。陪同的中国女孩当时是小学毕业后赴塞留学的,英语基本上是零基础,没想到在塞浦路斯学习 2 年后,便可以做陪同翻译了。当时娟姐脑海里立刻就肯定了来塞浦路斯学习英语的想法。

当然,除了学校的各方面条件外,留学费用方面也是必不可少的考虑因素。塞浦路斯的私立学校与国际学校收费标准基本相差不大,大约都是 7500 欧元/学年。但是塞浦路斯的学校基本不提供住宿,所以低年龄段学生来就学时,必须在塞浦路斯寻找到合适的监护人或者由父母陪读。文文便属于后者。

而且由于持永居签证的人员在塞浦路斯不能务工,只能投资,所以母女两人的生活支出也必须考虑在成本之内。好在塞浦路斯的生活花费在欧盟国家中相对低廉,除了水电费略高外,基本的生活消费与国内大城市相差无几,如果自己做饭的话,每人 200 欧元/月已经足够。

最棒的一点要数塞浦路斯的医疗保障。2019 年,塞浦路斯推出全民医疗计划,将持永久签证群体纳入医保范围。娟姐和文文幸运地成为这项普惠政策的受益人,享受免费医疗。娟姐的亲身实践表明,到医院看病只需支付 1 欧元的挂号费用,其他的费用全免,包括药费。刚抵达塞浦路斯时,娟姐不慎扭伤了脚,又因自己胡乱用药致使皮肤过敏。于是,文文就帮娟姐预约了附近的私立医院就诊,医生得知情况后,便给娟姐开了膏药处方。娟姐凭着处方就可以去药房拿药,完全不用付费。塞浦路斯本地不生产药,只是欧盟药业的"搬运工",药物的药效还不错,用了几天,娟姐的过敏症状便好转了。

由此可见,塞浦路斯的生活支出可谓十分低廉,而且医疗保障体系到位。除私立教育稍显昂贵外,岛内的公立教育从幼儿园到高中都免费。所以,现在在塞浦路斯可以遇见越来越多的低龄中国学生以及陪读的中国家长。

一枚硬币总有不同的两面。在塞浦路斯留学不仅有光彩诱人的一面,也有需要适应差异的一面。首先,快乐学习的理念在塞浦路斯教学中得到充分贯彻,但是中国学生仍需要一定的自我状态调整,方能适应其教学方式与节奏。以文文的课程表为例,高中学生每天只有 5 节课,上午 9 点上学,下午 2 点 30 分便放学回家,完全颠覆中国式教学观念。但是放学回家后,文文便可以自由玩耍了吗?并不是。因为在国内学习时,文文便对历史十分感兴趣,到塞浦路斯选课时便自然地选择了历史,结果发现学习中国历史的方式完全不适用于在塞浦路斯的学习。塞浦路斯私立学校的历史课内容为西方史与世界史,而非塞浦路斯历史;相较于国内故事式的历史讲授方式以及记忆和背诵各类历史时间和事件的学习方法,塞浦路斯历史课的授课方式给予文文很多的冲击。因为这里的历史作业从来都不是选择题和判断题,而是简答题或者类似于评论文章。除了课堂学习外,学生需要在课外阅读大量的相关材料,就某一历史事件阐述自己的观点,培养的是学生的自我思辨能力与总结能力,所以文文的课余时间并不轻松,特别是入学初期英语阅读速度跟不上时。而且刚开始接触到此类开放式的作业形式时,文文有点不知所措,不知从何处寻找切入点答题,因为此类作业从没有标准答案,老师也不会当众宣读所谓的"范文"。为此,她还特意请教了历史老师,在不断摸索、磨合下才找到解题思路。

其次,课程多样化,对学生选择自主性要求非常高。从中学开始,塞浦路斯便实行选课制度,学生完全可以根据自身的兴趣选择课程,而且可供选择的课程种类多样。比如文文所在的高中,一年级有 35 名学生,可供选择的课程在 20 门以上。这样,选课就非常能体现个性化,而且课堂的师生比非常高,有利于师生的互动。文文的班级选得最多的课程是数学课,有 15 名同学。小课一般只有四五名学生。依据学校的特色不同,每所学校提供的课程也不尽相同。文文的高中就提供了很多小语种学习课程,如希腊语等。即便小语种课程选课的人很少,学校也照常开课,文文的同学中选择法语课的就只有两个人。

课程的多样化以及对塞浦路斯授课方式的不适应也给文文的前期适应造成了一定的困扰。文文在国内就喜欢唱越剧、唱歌、跳舞等文艺类活动。于是,到塞浦路斯后,看到学校的戏剧、音乐、艺术之类的课程,文文便不假思索地将其都纳入自己的课表中。结果,反转来得太快,此类课程跟娟姐和文文最初的预想完全不一样。钢琴课绝不是教你乐理知识与弹奏曲谱,更多时候是现场播放一段交响乐,让你辨别其中的乐器以及配合技巧。绘画课绝不是一笔一画教你复制，而是为学生设置一个场景，让学生自由创作，如为圣诞节制作一份贺卡。戏剧课则是让学生自己写剧本，排练并最后进行演出呈现。最终，文文大把大把的课余时间便花费在琢磨此类课程作业上，一点儿也不轻松。

相反，之前在国内学习费劲的数学、化学等理科科目，文文在塞浦路斯学起来很轻松。据说，中国学生的数学天赋之高在塞浦路斯教育圈可谓远近闻名，中式的理科教育基础令人惊叹。塞浦路斯的高中数学教材的内容还停留于代数、分数加减法、一元二次方程、二元一次方程等知识上，课堂上老师需要推导 10 多个步骤才能得出结论。而借用在国内初中习得的知识点，文文仅用 2 个等式便得出了正确答案。所以，对于中国学生而言，学习理科类课程反而更有优势，往往考试成绩能获得 A，甚至 A^+ 等级。

好在学校的课程选择是可以替换的，灵活性高，于是第二年文文便大幅修改了自己的课表，将艺术、历史等文科属性的课程改为数学、化学、生物等理科课程，再加上英语、德语两门外语课程。

最后，开放式教育对学生的时间管理和未来规划能力提出了更高的要求。因为有大把的空闲时间和丰富的选择，所以学生需要结合自身的兴趣和今后的目标，依靠时间管理能力，合理分配自己的精力，规划学习课程，以便尽快达成目标。这与国内学生的学习目标完全不同。例如，文文班上有一个俄罗斯同学，喜爱亚洲文化，便选择修习日语，目标是以后赴日本东京大学学习。刚开始，文文确实对自身的学习目标比较迷茫，可是在塞浦路斯国际化、自由开放式的教育模式培养下，渐渐也厘清了今后的学习目标。

　　或许正是由于目标的多样性,大家追逐的终点各不相同,岛内学生的学习压力大为减轻。即便是塞浦路斯籍学生,对本科教育的追求也非常多元化,如申请就读英美的大学等。而且塞浦路斯本土也有很多大学可供选择,基本不存在升学压力。

　　文文在塞浦路斯体验的快乐教育无疑是成功的,她适应良好,而且重塑了自信心,整个人都变得开朗自信。娟姐非常满意自己做出的选择,焦虑感大为减少。但正如前文所言,开放式教育对学习者本身亦是有一定要求的,并不是所有的中国学生都能适应,亦不是都能减缓中国家长的焦虑的。据说,因为塞浦路斯小学课业实在太宽松,而且课后没有作业,也有不少中国家长决定打道回府。

　　仁者见仁,智者见智。虽然现今确实可以在塞浦路斯看见越来越多的中国小留学生,但如人饮水,冷暖自知。只有适合自己的,才是最好的。

"我"的中国心

　　虽然塞浦路斯来华留学人员较少,但笔者有幸采访到2位不同年代的塞浦路斯留学中国者——迪诺斯与龙凯。年达古稀的迪诺斯爷爷可以说是塞中友谊50年的见证者,他内心充满着对中国传统文化的向往,参与塞中友谊发展的过程,见证中国的发展,并身体力行地促进塞浦路斯与中国的交流。正值壮年的龙凯则是新时代中国发展的亲历者,是勇于挑战的年轻人,他跳出自己的舒适圈,前往中国,不断适应中国环境,并为中国快速发展的科技所吸引。

50 年"中国印"

　　题记:50年了,迪诺斯见证了中国的发展,参与了中国的过去,感受着中国的现在,期待看到中国更美好的未来。如今虽然身在家乡塞浦路斯,但迪诺斯的心时刻与中国紧密相连,中国的一草一木都是迪诺斯的牵挂与思念。迪诺斯时常想起那段在中国求学、生活的青葱岁月,他的生命也因此深深地烙上了一个"中国印"。

　　迪诺斯是土生土长的塞浦路斯人,今年已经70多岁了,回想起这辈子做过最酷的事情,便是在中国度过了4年美好的留学时光。1973年的冬天,迪诺斯如愿踏上了远赴中国的留学之路,也是从那时开始,他的人生就注定与这个千里之遥的东方古国相连,他深深热爱着那片土地和那里的人。

迪诺斯/卢星摄

时光回到 22 岁那年,彼时刚从塞浦路斯弗雷德里克理工学校毕业的迪诺斯在老家尼科西亚找到了一份还不错的工作,正好与他所学的建筑专业对口,收入也算过得去,本以为人生就要在这样的平淡中展开,没想到一个巨大的惊喜悄然来临。有一天,一个朋友突然兴奋地拿着报纸告诉迪诺斯,中国正在招收赴华留学的全额奖学金生,全塞只有一个名额,问他有没有兴趣试着申请一下。虽然当时的塞浦路斯人对这个遥远的亚洲国家几乎没有什么概念,许多人也只知道这是一个神秘的东方古国,但是当迪诺斯得知这个消息后,毫不犹豫地就跑到了中国驻塞浦路斯大使馆填写了申请表,并且按要求准备了申请材料。经过层层选拔,他非常幸运地争取到了唯一的留学名额。当时已经是 12 月中旬,就快过圣诞节了,迪诺斯以为可以与家人一起过完节再走,没想到被通知立刻动身前往北京。家人得知迪诺斯即刻就要远赴中国留学,都替他感到高兴,一大家子提前为他准备了一顿丰盛的大餐。带着家人的嘱托与不舍，怀揣远赴中国的兴奋与激动，迪诺斯踏上了漫漫留学之路。从塞浦路斯到北京确实是一条漫漫长路，经过了近 2 天的中转，飞机终于平稳地降落在北京的机场。走出舱门，只觉得冷风刺骨，即便迪诺斯把带来的衣服都裹在身上还是觉得冷。可能是料想到迪诺斯没带什么厚衣服，一位来机场接他的中国老师特意带了棉袄，一见面就赶紧给他披上，一股暖流瞬间涌上他的心头。随后，迪诺斯便跟着老师坐上了前往北京语言学院（现为北京语言大学，以下简称"北语"）的车，看着窗外忽明忽暗的路灯，他不解地问老师为什么路灯总是开开关关的。老师略显尴尬地说道，路灯的灯罩是用薄铁片制成的，有时风太大把灯罩吹歪遮住了光，所以看起来像关了灯一样，其实路灯一直都亮着。说完，大家一起看向车窗外的路灯，然后笑了起来。

　　北语对外国留学生的要求很严，学习任务也很繁重，除了每周 5 天从早到晚排满的各种语言课程以外，周六还给留学生安排了丰富的课外活动。迪诺斯所在班级一共 7 人，还记得第一天上课，中文老师就字正腔圆地告诉大家他只会说中文，要求留学生们平时也都用中文交流。虽然当时对老师说的话一知半解，但是迪诺斯和同学们都被那抑扬顿挫的音调所吸引，课堂上老师的板书一笔一画，将汉字的魅力展现得淋漓尽致。一堂课下来，中文给大家留下的印象可以用震撼来形容。在 2 个月的沉浸式中文学习后，迪诺斯与来自不同国家的同学们几乎可以用中文无障碍交流了，大家都为这样惊人的学习成果感到兴奋。可是，还没等大家高兴多久，就迎来了语言学习的难度升级。根据大家选择的专业，学校为大家的语言课"量身定制"了大量专业汉语方面的内容，迪诺斯也是第一次接触建筑专业知识方面的中文表达。又是 4 个月的埋头苦学，皇天不负有心人,迪诺斯终于通过了语言测试,顺利进入清华大学建筑工程系,学习建筑专业,成为班上第一位外国学生。有了半年扎实的中文学习基础,迪诺斯开始和其他中国同学一起潜心学习建筑专业知识。

　　一开始迪诺斯非常兴奋,以为可以在这里了解并学习中国传统建筑方面的知识。别说是那个时候,即便是现在,中国建筑也是世界建筑之林中独树一帜、别具一格的存在,许多建筑专业的学习者和研究者都希望能够了解和学习中国传统建筑的构造、原理以及相关的专业知识。其实,在北京生活的半年多时间里,迪诺斯通过参加学校组织的郊游活动、中国文化活动,已经参观访问过许多北京的名胜古迹,也越来越痴迷于研究这些饱含中国智慧的建筑艺术品,急切地想要了解更多关于中国传统建筑方面的知识。然而,开始专业课程的学习后,迪诺斯才发现老师教的都是基础的建筑知识,很多都是他以前在塞浦路斯上学时就学过的,虽然用中文再学一遍确实有不同于往日的收获,但是迪诺斯的学习热情受到了打击。抱着试一试的态度,他向系里提出了想要学习中国传统建筑相关内容的申请,却被拒绝了。老师们一方面希望迪诺斯能打好建筑学专业基础,另一方面也怕一个"老外"对中国传统建筑的学习只是剃头挑子一头热,让他再冷静思考一下。但老师们低估了迪诺斯

迪诺斯的设计/卢星摄

对中国传统建筑的痴迷,他一再提出申请,希望系里能够让他

学习相关的专业知识。经不住迪诺斯的执着,老师们同意只要通过相关专业考试,迪诺斯就可以免修一些基础课程,并考虑为其专门指派一名中国传统建筑方面的老师。迪诺斯高兴极了。结果可想而知,迪诺斯顺利通过了考试,并且开始跟着老师学习。这一学就是 3 年多,其间迪诺斯不知道跟着老师去了多少次故宫、天坛、颐和园,经过多番实地观察,有时候在一个屋檐下一看就是小半天,然后再结合老师的讲解,最终迪诺斯以清朝官式建筑及中国民族建筑小住宅方案设计为主题完成了他的毕业设计,通过答辩并顺利毕业。

毕业合影/卢星摄

那个年代人们普遍生活水平不高,交通也没有现在这么便捷,受条件所限,迪诺斯在中国生活和学习的近 5 年期间只回过一次塞浦路斯。当时迪诺斯的家乡正在经历战争,书信往来常常要个把月,他实在放心不下家人,当看到最熟悉的城市已经被战火侵蚀得千疮百孔时,眼泪止不住地流下来。好在迪诺斯的家人平安无恙,他们得知迪诺斯在中国一切都好,欣慰地劝他安心读书。有了家人的鼓励,回到中国后他在学习上更加努力,当然心中也冒出了一个念头,就是一定要利用在中国学到的知识为家乡的发展贡献自己的力量。正是带着这股热血与激情,在留学期间无论遇到什么困难,迪诺斯都告诉自己咬牙坚持,不能放弃。也是因为这样的使命感,迪诺斯一毕业就回到了家乡,希望学有所用。无奈由于当时塞浦路斯时局还未稳定,许多规章制度还不够健全,政府的海外留学认证大多情况下只承认希腊的大学,其他国家的留学认证不仅时间冗长,而且有可能无法认证。但是要想申请当地的建筑设计师资格,必须先通过留学认证,迪诺斯一时陷入了两难。中国驻塞浦路斯大使馆在得知他的情况后,积极帮忙协调,而且为其认证提供了诸多材料,最终,迪诺斯顺利通过了本地政府的认证。除此之外,使馆的领导在得知迪诺斯一直没能找到合适的工作又迫于生活需要收入的时候,临时聘用他为使馆做翻译,不仅暂时解决了他的生活问题,而且学到的中文也有了用武之地。

在当翻译的同时,迪诺斯也不忘投送简历、寄出作品,希望能够被慧眼识珠的伯乐发现。后来,卡克佩特里亚村里要建一个豪华餐厅以吸引游客,餐厅老板希望迪诺斯可以为他做总设计。根据餐厅位置和老板的要求,迪诺斯把这座 5 层楼高的餐厅设计成为"中西合璧"的样貌,将塞浦路斯的建筑风格与中国凉亭的建筑特色相结合。餐厅建成之后变成了这个村子里独一无二的风景,不仅吸引了大批游客,而且被塞浦路斯当地的多家报纸、杂志报道。"中国回来的设计师"似乎成了迪诺斯身上独有的符号。自那之后迪诺斯就收到了越来越多的住宅、建筑设计邀请,他也不再执着于找工作,而是成立了自己的工作室,早早地带着从中国学来的一身本领步入了创业的道路。而他的设计中,多多少少总会出现一些中国元素,它们似乎已经融入了迪诺斯的血液之中,成为他的建筑设计中不可或缺的一部分。

　　在工作中,迪诺斯还结识了许许多多和他一样热爱中国的塞浦路斯人,他们有的曾与中国人有过贸易往来,有的曾因为工作或机缘巧合到访过中国,还有的与中国没有任何交集,就是单纯地喜欢中国。就这样,迪诺斯认识了越来越多的塞浦路斯"中国粉",塞中友好协会也应运而生了,那一年正好是迪诺斯留学毕业回到塞浦路斯的第十个年头。也是在那一年,协会组织了赴华参观访问的活动,迪诺斯得以在 10 年之后再次回到中国。北京的变化可以用翻天覆地来形容,当 10 年未见的老师、同学相见时,大家都激动得热泪盈眶。在北京的最后一晚,迪诺斯坐着熟悉的公交车,看着窗外亮如白昼的路灯不禁笑出了声。从那之后,协会经常举办一些中国文化推广活动,如中国美食节、中国书画展、中国针灸讲座、中国文化之旅等。此外,协会还为中国学生在塞浦路斯弗雷德里克大学学习争取到了奖学金,目前已经帮助超过 100 位中国学生。同时为了促进中塞双向文化交流,在中国人民对外友好协会的支持和帮助下,塞中友好协会也在中国的许多城市举办了塞浦路斯文化周活动,向当地宣传来自地中海的风土人情。塞中友好协会一直在为促进两国城市结成友好城市而积极努力中。

　　时光飞逝,中国伴随着迪诺斯走过了青葱岁月,迪诺斯也见证了中国的发展与巨变。现如今虽然迪诺斯已到古稀之年,但内心依然是那个热爱中国、痴迷于中国传统建筑的少年。现在他的工作室仍有许多建筑设计的邀约,迪诺斯也依然乐此不疲地将中国元素融入这些设计之中。迪诺斯早就想好了,也许未来的某一天他干不动了,要退休了,就打算回中国。迪诺斯都物色好养老城市了——丽江古城。第一次看到丽江,迪诺斯就被它深深吸引,就像第一次踏上中国,就对它一见倾心,这辈子都离不开了。

"武汉人",龙凯

题记:2021 年,龙凯唯一的愿望就是尽快回到他的第二故乡——中国武汉。在踏上前往中国的留学之路以前,他从没想过这个与他的家乡塞浦路斯相隔万里的文明古国会成为他难以割舍的牵挂,也从未想过曾经完全不知道的城市武汉会变成让他魂牵梦萦的地方。

Elias Louka,中文名龙凯,是地地道道的塞浦路斯人。

2017 年,带着家人的不舍与嘱托,龙凯踏上了前往中国的留学之路。对于未知的一切,龙凯满怀激动与好奇,还有一丝不安,中国到底是一个怎么样的国家? 中国人到底是怎么样的? 中国安全吗? 中国人都会功夫吗? 完全不会说中文影响在中国的生活和学习吗? ……

一路上,脑子里闪现出十万个为什么,虽然龙凯已经提前在网上查找了一些与中国相关的信息,而且也向在中国留学的朋友打听了好多消息,但是没有"眼见为实"的证据,好奇和不安就一直如影随形,时不时总要蹦出来"骚扰"他一下。然而,当他第一次踏上这个遥远的东方大地,一切的疑问就瞬间烟消云散了,而且他发现,随着在中国生活和学习的时间越长,他就越爱这个国家。说这里是他的第二故乡,简直再合适不过了。

"Why China?"为什么去中国?

这是当初在得知龙凯申请赴华留学的时候家里人以及许多朋友的第一反应,语气中带着一丝不解。龙凯能理解他们的这种疑惑,毕竟对于塞浦路斯人来说,中国遥远得就像一个不切实际的梦。那里的很多人对中国唯一的了解可能来自看过的一两部成龙的电影,大荧幕上精彩绝伦的武术、飞檐走壁的功夫令人称奇。但是真实的中国社会到底是怎么样的,普通的塞浦路斯人其实一无所知。因此,在去中国求学之前,龙凯也不知道这个决定到底是对还是错,但是自从到了中国之后,龙凯只能说幸好来了,否则一定会后悔。

龙凯当时 29 岁,第二年就要到而立之年了,可他一点儿也不担心,反而因为在中国留学,他对自己未来的发展方向更清楚了。龙凯的专业是机械工程,学士和硕士学位都是在塞浦路斯大学获得的。当他研究生快毕业的时候,面临着工作和读博2 个选择,龙凯也一直在思考未来该何去何从。但他认为自己在专业方面还有进步的可能性,也想继续完成硕士期间未完成的研究,于是龙凯决定读博。既然做了决定,那么去哪儿上学就成了接下来要考虑的问题。当然对龙凯来说,在本校继续学业是最容易申请的,但他的座右铭一直是"生活就是跳出舒适圈",心中那个想要挑战自我、不断进步的想法激励着他走出去,看看是否能与其他国家、其他学校的老师和同学在专业领域碰撞出别样的火花。龙凯所学的专业在欧洲的很多大学里都可以申请,而且因为塞浦路斯是欧盟的成员国之一,所以对他来说申请欧洲的学校会更容易。正当他还在纠结要去哪个学校时,一个好朋友正巧放暑假回塞浦路斯,当时他就在中国留学。大家见面聊天的时候,朋友向龙凯介绍了中国,一个他从来没想过可能会去学习和生活的地方。听完朋友的话,龙凯茅塞顿开,既然要学习,要搞科研,为啥非要局限在欧洲呢?怎么就不能试试去那个以悠久历史、灿烂文明著称的国家呢?于是龙凯毫不犹豫地决定去中国读博,并且开始在网上查找与专业相关的一些大学的资料。最后龙凯选择了位于武汉市的华中科技大学,因为学校在机械工程方面非常厉害,而且他惊喜地发现他的条件竟然还符合学校的奖学金政策,所以他抱着试一试的心态,按照要求填写并提交了申请表。没等多久,他就得到了梦寐以求的回复。还记得收到回复的那段时间,他在家高兴得合不拢嘴。

当然,接下来的一段日子龙凯就开始为去中国做各种准备和攻略,在网上查找了大量关于中国的消息,可是"乱花渐欲迷人眼",网上充斥着各种好的、坏的、正面的、负面的消息,很多都让人难分真假。彼时,还是他的那位留学中国的朋友一语点醒梦中人:"与其听别人说,不如你自己看。"当时他就想,是啊,他对这个国家的了解都是别人说的,至于中国到底怎么样,他亲自去看看不就知道了。就这样怀着三分激动,七分好奇,他踏上了赴华求学之路。

随着飞机缓缓降落在武汉天河国际机场,龙凯难以抑制激动的心情。这座巨大而繁忙的机场,是他对中国的最初印象,现代、便捷、高效。很快他就在机场出口的位置找到了学校的新生报到处,被安排和来自各个国家的其他留学生一起坐着大巴前往学校。在车上,他和很多第一次来这里的留学生一样,顾不上寒暄和认识,目光完全被车窗外的"新天地"吸引了。一路上数不胜数的摩天大楼在眼前出现又消失,车水马龙的街道繁忙而有序,浩浩荡荡的长江串联起武汉这座巨大的城市,一切的一切都令他目不暇接,又赞叹连连。还没等他反应过来,大巴已经停在了校园里。华中科技大学就像一座城市,龙凯甚至怀疑它比家乡塞浦路斯的首都尼科西亚还大。学校里什么都有,教学楼、图书馆、行政楼、学生宿舍星罗棋布,当然还有他最爱去的食堂。学校里有很多食堂,每个食堂都有自己的特色。对于像龙凯这样从小到大都没尝过也完全不了解中餐的

"老外"来说,每天在各种食堂换着花样打饭简直就是一种享受。龙凯很惊讶中国人对于饮食文化的研究。在这儿他知道了中国人对美食"色、香、味"俱全的要求,也学会了使用与刀叉完全不同的一种餐具——筷子。以前他以为筷子只是成龙电影里的一个道具,不存在于真实的生活中,很难想象能有人拿着两根木棍夹到任何东西。没想到来了中国,他自己竟要开始学习使用筷子,为此他还闹了不少笑话,但是现在龙凯可以骄傲地说一声:"给我一双筷子,我就能吃完一碗热干面。"

除了筷子以外,更令龙凯惊讶的是中国飞速发展的科技以及由此带来的极度便利。还记得第一天入学的时候,热情的老师和中国同学们就提醒他一定要下载一款叫作"微信"的软件,他们说在中国大家都用这个聊天。这是龙凯第一次听说这个软件。而当他学会使用微信之后,龙凯发现它不只有聊天的功能,还可以看新闻、点外卖、线下付款、预约门票等,集多种功能于一体。在中国要出门的时候,经常只需要带一部手机就能搞定一切。另外,他还发现了支付宝、淘宝这些手机应用程序,它们给他的生活带来了无限便利。对他来说,年轻人会用这些高科技并不稀奇,但通过在武汉的生活,龙凯惊讶地发现其实这些便民的高科技普及率非常高,很多老年人也会使用智能手机买菜购物,甚至搭乘公交和地铁,反观自己的爷爷奶奶,他们甚至不知道什么是智能手机,更别提会使用了。另外,共享单车、共享充电宝、共享按摩椅以及各种自助类型的机器的使用频率非常高。以"共享"为主题的绿色商业模式本身就是一个非常有创意的想法,而且能够在这里实施得这么好,龙凯打心底里觉得很了不起。在中国,高科技不是冰冷的、遥远的,它离大家的生活很近,并且服务于人民,为社会提供便利。

此外,龙凯还惊喜地发现塞浦路斯和中国之间也有很多的相似之处。可能是因为塞浦路斯与中国自古以来就通过海上丝绸之路产生了联系，两国在文化上形成了一定的共通。古代的中国人认为中国是世界的中心——这从"中国"这个名字上就有所体现——巧合的是，古塞浦路斯人也曾经认为自己的小岛位于世界中央。每年的 5 月 1 日，塞浦路斯人也像中国人一样，放假庆祝劳动节。还有，中国的国庆节和塞浦路斯的国庆日是同一天，因此现在每年的 10 月 1 日，龙凯都会非常开心地为两个国家庆祝生日。

龙凯在华中科技大学的校园生活忙碌而又充实，也充分感受到了中国人的友好、热情，还认识了许多不同国籍不同年龄的朋友。他和很多朋友都是在中文课上认识的。要想在这儿学好专业知识，首先要会说中文。学校好像知道留学生们的心声，贴心地为这些"中文菜鸟"提供了非常实用的中文课。龙凯学会的第一个中文生词就是"你好"。那天下课他正好有事打车出门，一上车就迫不及待地跟司机练起了中文，虽然当时他的词汇量非常有限，而且还没熟练掌握四声，但是司机师傅很有耐心地听他说话并且肯定了他的口语水平，这让他信心倍增，同时再次感受到了中国人的友好与善良。还有他的中文名字——龙凯，也是学校老师给他起的。她说龙是中国文化的象征，代表着力量，也被中国人赋予了重要的意义。龙凯非常喜欢他的中文名字，从那时起，他就在日常生活和学习中只用中文名，学校的教授和很多中国朋友也都用这个名字称呼他。他的朋友里除了有来自各国的留学生，还有很多中国人。一开始大家并不熟，因为他的中文不好，而中国朋友也很害羞，但是后来随着一起合作开展项目，以及共同完成实验，大家开始真正相互了解。

在中国的学习和生活中，龙凯充分了解了这个美丽的国家,感受到了前所未有的惊喜和美好。过往的每一个瞬间都汇聚成一段一段难忘的回忆。繁华的商业步行街上有潇洒跳着广场舞的叔叔和阿姨,友好而又热情地要求合影的路人,他们的笑脸深深地印在龙凯的脑海里;中国传统节日期间丰富多彩的庆祝活动上,人们共同举杯祝福留下美好的期许;发达的铁路网络给人们的出行带来了便利,龙凯也曾在假期坐着动车天南海北地游玩,四川火锅、北京烤鸭、长沙臭豆腐、上海小笼包,他在这片神奇的土地上探索更多的惊喜。

2020年在家过寒假的时候,龙凯满心欢喜地期待结束假期回到中国,但是由于疫情,一直没能回去。不过他并没有因此而放弃学业,仍继续坚持完成博士论文。另外,他还在塞浦路斯找到了一份工作,并且报名参加了塞浦路斯大学孔子学院的中文课,幸好塞浦路斯虽小,但也有孔子学院可以让他继续学习中文。孔子学院的老师得知了他的经历后,也鼓励他努力学好中文,为今后在中国的生活和学习打好基础,现在龙凯的中文水平已有很大提高。他希望能一边积累工作经验,一边提高自己的中文水平。当然,他最期待的是早日回到心心念念的中国。

参考文献

一、中文文献

[1] 斯布里达奇斯.塞浦路斯简史[M].北京第二外国语学院英语系翻译组,译.北京:人民出版社,1973.

[2] 程裕祯.中国文化要略[M].2版.北京:教学与研究出版社,2003.

[3] 何志龙.中东国家通史・塞浦路斯卷[M].北京:商务印书馆,2005.

[4] 何志龙.塞浦路斯[M].北京:社会科学文献出版社,2011.

[5] 何志龙.塞浦路斯加入欧盟的影响[J].中东问题研究,2016(2):65-86.

[6] 何志龙.塞浦路斯加入欧盟进程探析[J].陕西师范大学学报(哲学社会科学版),2014,43(6):126-133.

[7] 何志龙.塞浦路斯[M].大连:大连海事大学出版社,2019.

[8] 嵇晨."塞浦路斯效应"利好美股[N].第一财经日报,2013-03-25(A14).

[9] 柯林・施伯龙.爱神的国度:深入塞浦路斯[M].黄芳田,译.合肥:黄山书社,2012.

[10] 塞万提斯.堂吉诃德[M].杨绛,译.北京:人民文学出版社,2015.

[11] 尼科斯・阿纳斯塔西亚迪斯.塞浦路斯:愿积极打造海上丝绸之路的重要中转岛[J].当代世界,2015(11):24-25.

[12] 李石凯,黎志健.从塞浦路斯债务问题看欧债危机新动向[J].中国金融,2013(8):84-85.

[13] 秦永洲.中国社会风俗史[M].武汉:武汉大学出版社,2015.

[14] 沈海滨.塞浦路斯风情[J].科学之友,2008(19):83.

[15] 王武兴.我的故事:岁月如歌[M].香港:香港先锋国际集团有限公司,2020.

[16] 澳大利亚 Lonely Planet 公司.塞浦路斯[M].闵楠,译.北京:中国地图出版社,2015.

二、英文文献

[1] ARBEL B. Cyprus under venice: continuity and change [M]//PAPANIKOLA-BAKIRTZIS D, IACOVOU M. Byzantine medieval Cyprus. Nicosia: Bank of Cyprus Cultural Foundation, 1998:161-174.

[2] MALLINSON W. Cyprus: a historical overview[M]. Nicosia: Press and Information Office, 2011.

[3] Cyprus Tourism Organization. Cyprus: 10000 years of history and civilisation[M]. Nisocia: R P M LITHOGRAPHICA LTD, 2012.

[4] VON LÖHER F. Cyprus: historical and descriptive[M]. London: W H ALLEN & CO., 1878.

[5] YIANGOU GEORGE S. The accession of Cyprus to the EU: challenges and opportunities for the new European Regional Order[J]. Journal on ethnopolitics and minority issues in Europe, 2002(2):1-13.

[6] WELLENDORF H. Ptolemy's political tool: religion[J]. Studia antiqua,2008(6):33-38.

[7] CONNELLY J B. Cyprus in the age of empires: Hellenistic and Roman periods, 310 B. C. —A. D. 330 [M]// HADJISAVVAS S. Cyprus: crossroads of civilizations. Nicosia: The Government of the Republic of Cyprus, 2010:173-195.

[8] PARKER S K. Peter I de Lusignan (1359—1369), the Crusade of 1365, and the oriental christians in Cyprus and the Mamluk Sultanate[M]//ROGGE S, GRÜNBART M. Medieval Cyprus — A place of cultural encounter. Münster: Waxmann,2015:53-71.

[9] DURRELL L. Bitter lemons[M]. London: Faber & Faber,1957.

[10] COUREAS N S. The Lusignan Kingdom of Cyprus and the Sea, 13th—15th centuries[M]// BALBARD M. The Sea in history: the medieval world, Vol 3. Woodbridge: Boydell Press, 2017:369-381.

[11] BOZKURTOĞLU Ö. A multi-lingual island in the middle ages: Cyprus of the Lusignan Dynasty[M]// ARIKAN A, BILGI S C. 4th language, culture and literature symposium. Antalya: Akdeniz University,2018.

[12] PAUSANIAS. Description of Greece, vol I, book I-II [M]. London: William Heinemann, 1998.

[13] O'NEI L P M. Great world writers: twentieth century [M]. London:Marshall Cavendish, 2004.

[14] ARGRIOU S. The imperialistic foundations of British Colonial Rule in Cyprus[J]. The Cyprus review, 2018, 30(1): 297-316.

[15] TZOUNAKAS S. Cicero and Brutus' Loan to the Salaminians: a case for (self-) praise and justification[J]. Pan rivista di filologia latina, 2020(9):5-16.

[16] BROWN S, DEMETRIOU D, THEODOSSIOU P. Banking crisis in Cyprus: causes, consequences and recent developments [J]. Multinational finance journal, 2018, 22(1):63-118.

[17] BAKER S W. Cyprus, as I saw it in 1879[M]. Salt Lake: Project Gutenberg Literary Archive Foundation, 2003.

[18] DAVIS T. Earthquakes and the crises of faith: social transformation in late antique Cyprus [J]. Buried history, 2010(46): 5-16.

[19] PAPACOSTAS T. The Troodos Mountains of Cyprus in the Byzantine period: archaeology, settlement, economy [J]. Cahiers du centre d'etudes chypriotes, 2013(43): 175-200.

[20] GRABOWSKI T. The cult of Arsinoe II in the foreign policy of the Ptolemies [M]//TWARDOWSKA K, SALAMON M, etc. Within the circle of ancient ideas and virtues. Krakow: Historia Lagellonica, 2014: 117-128.

[21] VOLKAN V D. Cyprus: war and adaptation—a psychoanalytic history of two ethnic groups in conflict [M]. Charlottesville: The University Press of Virginia, 1979.

[22] ZARECKI J P. The cypriot exemption from evocatio and the character of cicero's proconsulship[J]. Greece & Rome，2012(59)：46-51.

三、互联网资源

[1] 杜娟.中塞友好　天下一家：塞浦路斯大学孔子学院向各方合作伙伴及教学点捐赠侧记[EB/OL].（2020-05-26）[2021-04-18]. https：//www. bjie. ac. cn/xwzx/gqxw/2020-05-26/25534. html.

[2] 金十数据.根本无法拒绝！又一欧盟国使用华为5G设备，欧洲多国都忍不住了？[EB/OL].（2019-06-03）[2021-03-26]. https：//www. sohu. com/a/318241084_334198.

[3] 塞岛家园.塞浦路斯硬核防疫！欧盟对疫情反应最快、最强措施的国家！[EB/OL].（2020-03-16）[2021-04-18]. https：//mp. weixin. qq. com/s/DSi9Ehj45OTO1SHuJqSHyQ.

[4] 习近平.共同构建人类命运共同体[EB/OL].（2021-01-01）[2021-05-13]. http：//www. xinhuanet. com/politics/leaders/2021-01/01/c_1126936802. htm.

[5] 习近平.让古老文明的智慧照鉴未来[EB/OL].（2019-11-11）[2021-05-13]. http：//www. xinhuanet. com//mrdx/2019-11/11/c_138545334. htm.

[6] 中华人民共和国驻塞浦路斯共和国大使馆.黄星原大使出席中国援助塞浦路斯抗疫物资交接仪式[EB/OL].（2020-04-20）[2021-06-11]. http：//cy. china-embassy. org/chn/xwdt/t1771505. htm.

[7] 中国新闻网.欧盟向塞浦路斯土耳其族控制区追加逾三千万欧元援助[EB/OL].（2020-08-25）[2021-05-20]. http：//www. chinanews. com/gj/2020/08-25/9274128. shtml.

[8] 陈骊骊,毕玥. 塞浦路斯总统尼科斯·阿纳斯塔夏季斯到访人民大学　获聘名誉教授并发表演讲[EB/OL]. (2015-10-16)[2021-04-21]. https://news. ruc. edu. cn/archives/114890.

[9] 客车网. 200 辆金龙高端客车出口塞浦路斯　再创中国客车出口欧盟大单[EB/OL]. (2020-05-28)[2021-06-03]. https://m. chinabuses. com/news/10/article_94500. html.

[10] Arutz Sheva Staff. Israeli tourists helping to boost Cyprus'economy[EB/OL]. (2015-01-19)[2021-03-23]. https://www. israelnationalnews. com/News/News. aspx/190173.

[11] Department of Antiquities. Archaeological sites[EB/OL]. (2016-03-06)[2021-04-01]. http://www. mcw. gov. cy/mcw/DA/DA. nsf/All/4EF92D50616EFE49C225719B00314171? OpenDocument.

[12] THEODOROU E. Cypriot myths, heros and gods[EB/OL]. (2018-07-23)[2021-04-02]. http://cyprusfortravellers. net/en/review/cypriot-myths-heros-and-gods.

[13] THEODOROU E. The Byzantine museum in Nicosia[EB/OL]. (2019-05-12)[2021-04-29]. http://cyprusfortravellers. net/en/review/byzantine-museum-nicosia-part-archbishop-makarios-iii-cultural-foundation.

[14] European Parliament. Briefing No 1: Cyprus and the enlargement of the European Union[EB/OL]. (2000-08-08)[2021-06-12]. https://www. europarl. europa. eu/enlargement/briefings/1a1_en. htm.

[15] VASSILIOU G. Cyprus accession to the EU and the solution of the Cyprus problem[EB/OL]. (2004-01-01)[2021-04-25].

https://www. interactioncouncil. org/publications/cyprus-accession-eu-and-solution-cyprus-problem.

[16] NAGY G. Homeric hymn toAphrodite[EB/OL]. [2021-03-31]. https://www. uh. edu/~cldue/texts/aphrodite. html.

[17] HESIOD. Theogony[EB/OL]. (2020-11-02)[2020-11-02]. https://chs. harvard. edu/primary-source/hesiod-theogony-sb/.

[18] High Commission of Cyprus in the UK. Cyprus and the EU[EB/OL]. [2021-03-23]. https://cyprusinuk. com/cyprus-and-the-eu.

[19] ISMAILVELI. Cicero the Most Famous Governor in Cypriot History! [EB/OL]. (2014-11-26)[2021-04-26]. https://cyprusscene. com/2014/11/26/cicero-the-most-famous-governor-in-cypriot-history/.

[20] In Cyprus. IMF: Cyprus'economic growth remains strong; debt levels, NPLs still a problem[N/OL]. Philenews, 2019-06-04[2021-03-23]. https://in-cyprus. philenews. com/imf-cyprus-economic-growth-remains-strong-debt-levels-npls-still-a-problem/.

[21] RADNER K. The many kingdoms of Cyprus[EB/OL]. (2012-11-05)[2021-05-08]. http://www. ucl. ac. uk/sargon/essentials/countries/cyprus.

[22] KARAGEORGHIS J. Aphrodite, goddess of Cyprus [EB/OL]. (2015-06-07)[2021-04-09]. http://kyprioscharacter. eie. gr/en/scientific-texts/details/cult-and-religion/aphrodite-goddess-of-cyprus.

[23] HITCHCOCK M. The Mycenaean presence on Cyprus at the end of the Bronze Age: migration, acculturation, or hybridization? [EB/OL]. (2018-10-08)[2021-04-02]. https://www. academia. edu/38343718/Mycenaean_Presence_ on_Cyprus_during_the_Late_Bronze_Age_pdf.

[24] News in Cyprus. Economy to grow at moderate pace [EB/ OL]. (2021-06-12)[2021-06-25]. http://www. newsincyprus. com/news/322125/economy-to-grow-at-moderate-pace.

[25] ORPHANIDES S. "Golden visas" risk being exposed to fraud, insider says [N/OL]. Cyprus mail, 2018-07-22 [2021-05-30]. https://cyprus-mail. com/2018/07/22/golden- visas-risk-being-exposed-to-fraud-insider-says/.

后记

恍惚之间,《爱与美神的诞生地——塞浦路斯》的写作已到尾声。在书稿写作过程中,我获得了诸多的支持和帮助,在此致谢,以兹纪念。

首先,感谢走进"一带一路"丛书课题组与主编的信任与支持,将塞浦路斯的写作任务交给我。走进"一带一路"丛书项目启动于2018年,为响应国家"一带一路"倡议,普及"一带一路"沿线相关国家概况,浙江省社会科学界联合会、浙江外国语学院联合策划该丛书,并委托浙江工商大学出版社进行出版。能参与到这一项目中,我深感荣幸。赵伐主编细致地指导我,耐心讲解了丛书写作的要领,细心解释了编者应如何在写作中平衡著作的科学性与趣味性。

其次,感谢马晓霖教授的引荐,为编写组引进了新华社前驻塞浦路斯分社首席记者陈德昌老师参与书稿的编写工作。凭借丰富的实地采访经验,陈老师为我引荐了许多中塞交流的见证人,复活了中塞民间友好交流的历史记忆,丰富了书籍的内容。不论是旅塞的中国人小凝老师、彩芳姐、文文,还是塞浦路斯的中国文化爱好者迪诺斯和龙凯,都在百忙之中整理素材资料,耐心回复我的提问,这才有了本书中有趣又鲜活的实例。

再次,感谢塞浦路斯大学孔子学院前中方院长王武兴教授。在素未谋面的情况下,王教授听取我的来意后,积极推荐了孔子学院的2位中方教师——卢星和杜娟老师参与书稿的写作。卢星老师最终作为作者之一,为本书的写作提供了巨大的支持和帮助。杜娟老师也为本书写作收集了相关的素材和照片,在此一并致谢。

最后,感谢我的女儿张闻桐。写作期间正值孕期,女儿一直以乖巧的方式支持妈妈的写作。从构思到出版,本书正好见证了从怀孕到女儿半岁期间这段慌乱、充实、回味无穷的美好时光。感恩时光,特将此书作为出生礼物献给亲爱的女儿闻桐,以此留念。

范馨予

杭州

2022 年 2 月